自律力

曹君丽◎编著

成都地图出版社

图书在版编目(CIP)数据

自律力 / 曹君丽编著. -- 成都 : 成都地图出版社有限公司, 2019.8(2022.4 重印)
ISBN 978-7-5557-1231-2

Ⅰ. ①自… Ⅱ. ①曹… Ⅲ. ①自律 - 通俗读物 Ⅳ. ①C933.41-49

中国版本图书馆 CIP 数据核字(2019)第 175980 号

自律力
ZILÜLI

编　　著：曹君丽
责任编辑：向贵香
封面设计：松　雪
出版发行：成都地图出版社有限公司
地　　址：成都市龙泉驿区建设路 2 号
邮政编码：610100
电　　话：028-84884648　028-84884826(营销部)
传　　真：028-84884820
印　　刷：三河市泰丰印刷装订有限公司
开　　本：880mm × 1270mm　1/32
印　　张：5
字　　数：118 千字
版　　次：2019 年 8 月第 1 版
印　　次：2022 年 4 月第 3 次印刷
定　　价：36.00 元
书　　号：ISBN 978-7-5557-1231-2

前　言

有人说成年后有两种人，一种是成熟，一种是老。

而大多数人俨然已经成为后者。

年纪轻轻，却总是怨天尤人，唉声叹气；为现状焦虑，却没有勇气和毅力去改变自己；做任何事都是三分钟热度，坚持不下去。

整日抱着手机，微博刷到不能再刷，朋友圈里的消息看了一遍又一遍；没有特别的兴趣爱好，周末只想宅在家里吃垃圾食品看无聊的电视……

现在的你是否也像这样：生活习惯凌乱，整日浑浑噩噩，为未来焦虑，但依旧毫无方向和意义地虚度时光。

曾经以为做人就要及时行乐，享受当下，可当懒散成了习惯，不自律成了生活的常态，却越来越痛苦，越来越讨厌这样的自己。

当懒惰慢慢吞噬内心，最后只会变得空虚、麻木、自卑和敏感。

王小波说，人一切的痛苦，本质上都是对自己无能的愤怒。而自律，恰恰是解决人生痛苦的根本途径。

羡慕别人生活的人，总把别人的成功归于生于好命，有太多好运。但残酷的事实却是，他们整日刷着鸡汤文，羡慕别人又美又瘦又有钱，自己，却从来不会做出改变。

说到底，这是一种逃避现实、不成熟的表现。

一个真正自律之人，不会花大把的时间去抱怨、嫉妒、怨天尤人，而是与自己和解，直面现实，承担起自己应该担负的责任。

哲学家康德说过：所谓自由，不是随心所欲，而是自我主宰。

而那些真正让人变好的选择，过程都不会很舒服。唯有你内心足够渴望，你才有顽强的意志力去支撑、鼓舞着自己去坚持。

意大利作家卡尔维诺说："我对任何唾手而得、快速、出自本能、即兴、含混的事物没有信心。我相信缓慢、平和、细水长流的力量、踏实、冷静。我不相信缺乏自律精神和不自我建设、不努力，可以得到个人或集体的解放。"

如果不甘接受现在的平庸惨淡，不甘一生碌碌无为，那么请从自律开始，改变自己吧。

2019 年 4 月

目 录

CONTENTS

PART 1

你有多自律，就有多优秀

因为自律，所以坚强

自律的人拥有坚强的意志，可以创造奇迹。当事情越来越困难时，很多人都会撒手离开，只有高度自律、意志坚强的人，才会到达胜利的终点。

有这样一则故事：有一艘轮船在大海上出事了，一个叫杰克逊的大副带着六个人坐着救生艇在海面上漂流了两天。这时候，大家都已异常干渴，急需补水。只有水手脖子上挂着一个水壶，他对大家说："现在，我们只有这一壶淡水了，它是我们的救命水，只有到了生命的最后时刻，才能喝壶里的水，不到紧要关头谁都不许动它，否则我会毙了他！"说着，他从腰里掏出一把手枪。

救生艇继续在海面上漂荡着等待救援。

第三天早上，太阳一出来就火辣辣的，中午的时候，大家都酷热难耐。爱丽斯夫人忽然晕倒了，大家摇晃并呼唤她，这时，爱丽斯干裂的嘴唇动了动，发出微弱的声音："水……水……"

杰克逊搂着爱丽斯的脖颈，靠近她的耳旁，轻声说："夫人，现在还不是紧要关头，你还不能动这壶救命水，我相信你现在还能坚持得住。"

一旁的道格拉斯大喊道："什么？这还没到时候？爱丽斯夫人眼看就要渴死了呀！"说着，道格拉斯就来抢水壶。

杰克逊快速放下爱丽斯，从口袋里拔出手枪，大喊道："别动！你敢过来，我就一枪打死你！"

道格拉斯不得不退后，他"呼呼"地喘着粗气，狠狠地说："我看你是想趁天黑的时候独吞这壶水！你记着，我不会放过你的！"

爱丽斯又昏了过去，她醒过来的第一句话依旧是："水……水……"但这丝毫没有让杰克逊动摇，他握着手枪，护着水壶，也只说一句话："爱丽斯，再坚持会儿，到需要的时候，我会给你水喝的。"

第三个黑夜来临了。还是没有人来救他们，但七个人已经分成了两个阵营，杰克逊抱着神志不清的爱丽斯，警惕着道格拉斯等人扑上来抢夺水壶；道格拉斯和另外四个人则一直虎视眈眈地盯着杰克逊：只要一有机会，他们就会冲过去夺去这个"自私鬼"的水壶。很明显，杰克逊已经成为他们的公敌。道格拉斯说："大副先生，我会守着你一夜的，只要你敢动一口水，我就弄死你。"说完，他就在杰克逊的跟前坐下，紧盯着杰克逊，杰克逊把水壶护得更紧，枪口直顶着道格拉斯。道格拉斯和杰克逊整个晚上都在剑拔弩张地对峙着。

第四天来临了，海面风平浪静，但太阳越发火辣。爱丽斯已发不出声音，可杰克逊仍然不被打动。中午时分，又有两个人昏倒过去。他们清醒过来的第一句话，就是祈求杰克逊给点儿水喝。可冷酷的杰克逊还是那句话："这还不是紧要关头，你们还能坚持住。"下午的时候，克劳林再也忍不住内心的饥渴，捧起海水就喝，杰克逊大叫："不能喝！"他起身想阻拦克劳林，道格拉斯见状扑了过来，想夺水壶。杰克逊马上回转身，用枪顶住道格拉斯的额头，凶狠地瞪着道格拉斯说："想找死吗？"道格拉斯不得已只能后退。这时，克劳林已喝下好几捧海水，杰克逊伤心而又无奈地说："克劳林，你会送命的。"

第五个夜晚来临了。大家浑身瘫软得像一团棉花，道格拉斯和杰克逊依然对峙着。半夜的时候，道格拉斯败下阵来，他抵不住疲惫，叫醒一个同伴，继续监视杰克逊，自己倒头睡去。

当第六个清晨来临时，他们看到，克劳林已经死了。救生艇上弥漫着悲哀和无助的气息。可是，由于体内缺水，他们已经没有了眼泪。

道格拉斯指责杰克逊："克劳林都渴死了，这还不到紧要关头吗？是你害死了克劳林！"杰克逊反驳道："是克劳林自己害死了自己，他原本可以像爱丽斯夫人一样挺过来的，可他喝了海水……请相信我，我们都没到最需要的时刻，我们还可以坚持。"道格拉斯无奈地骂了一句："杂种！"又挪近了身子，死死盯着杰克逊。

中午的时候，所有的人都晕倒了，他们就如同被抛上岸即将晒干的小鱼。只有道格拉斯还能发出"水……

水……”的声音，不过他和同伴们一样，已没了动弹的力量。杰克逊呢，早已斜躺在船上，手枪掉在一旁，水壶被紧紧抱在怀里，但他已没力气打开水壶，喝那壶“救命水”了……

就在夜幕降临时，远处忽然传来了汽笛声。接着，两道刺目的光芒扫射到救生艇上，救援的海轮终于看到了他们。大家的体内仿佛突然被注入了一股力量，他们终于发出轻弱的声音：“救命……”杰克逊发出一声“上帝啊！”就头一歪昏了过去。

道格拉斯哆嗦着爬到杰克逊跟前，夺过那只水壶，他想喝个痛快。但他发现水壶太轻，仿佛并没有水。道格拉斯摇晃着水壶，依旧一点动静也没有。他打开水壶盖儿，将水壶口朝下，还是没有一滴水流出来……

救生艇上的人得救了。杰克逊醒来时，大家已经被安顿在医院里，道格拉斯正看着他。杰克逊朝道格拉斯点点头，道格拉斯对他友好地一笑，说：“大副先生，你守着的那个水壶里其实没有一滴水！”

杰克逊笑着说：“其实我一直都知道，只是我要给你们一个希望。有了这个希望，你们就会不断地对自己说：‘我总会喝到那壶水，我能抗住。’你们一直没有喝到水，可你们的心灵被水滋润了。假如你们知道水壶里没有水，就没了希望，你们会被失望打败，生命就会在心灵死亡后消失。”

停了一下，杰克逊又说：“但是，道格拉斯先生，你是否知道，那把手枪是永远也射不出子弹的，其实那是我给儿子买的玩具。”

自律的人有能力去做任何事

有一位作家说："世上有三类人，分别是自律者、懒惰者和无能者。第一种人有能力去做任何事情；而第二种人则讨厌做任何事情；至于第三种人，他们任何事情都没办法做成。"

福斯特说："幸福大陆的海滩上四处都布满了航船的残骸，其中的很多船都是由那些具有超凡能力的人所驾驭的。对于那些人来说，他们缺少的是勇气、执着和自律，所以他们没有成功。他们的结局不如那些能力较差的自律者，那些人由于充满了坚定的信念而取得了最后的成功。对于那些起初满怀梦想，最后却铩羽而归的人们，假如探究其中最主要的原因，那就是缺乏上进心与意志力。"缺乏上进心与意志力的人，好比一艘没有动力的轮船，没有办法前进。

"意志力"往往被人们比作人格的脊梁。一位英国作家说："意志与人生的关系，或者可以比作船舵或汽轮机与船的关系，船能够平稳地航行，全部是依靠船舵的掌控以及汽轮机那强大的推动力。”

在工厂里，已经生产出来的航海罗盘在没有被磁化以前，不管放在哪里，其指针指的方向都互不相同。可是，一旦被磁化，它们就从根本上不同了，好像有一种神秘的力量在支配它，它成了一种新的东西。没有被磁化前，地球的磁极对它们没有一点影响，它们也不可能指向北极。可是，一旦被磁化，指针马上就会转向北极，而且一动不动。

多数人就像没有被磁化的指针一样，安于原处不动而且没有方向感，他们在被“神秘力量”——进取心激发之前，对任何刺激都没有反应。

几乎没有人去深入思考“进取心”到底是什么，进取心是怎么来的以及它有多重要。实际上，假如能解释“进取心”的发源，那么我们也就能解释宇宙的奥秘了。鼓励我们前进的是我们生命中一种最有趣而又最神秘的力量。这种“向上的力量”是每一种生物的本质，由于人类也是有生命的生物，所以，我们人类的体内也存在这种鼓励，它推动我们去完善自我，去追求完美的人生。可是，这种向上的理想，也有可能会消失。一旦染上了“懒惰”的毛病，我们就会止步不前。

正是进取心——这种永不停息的自我推动力，鼓励着人们向自己的目标前进。假如我们能够受这种伟大的推动力的引导和驱使，我们就会成长、开花、结果。可是，假如我们无视这种力量的存在，或许我们仅仅是有时才服从这种力量的指导，那么，我们永远不要妄想名垂青史，甚至可能毫无建树。

有了这种内在的推动力，我们就不会停止前进的脚步，它总是鼓励我们为了更美好的明天而努力。因为人类的成长是无限的，因此我们的进取心和愿望也不断发展变化的。

“进取心”和“意志力”会让我们的人生变得更加崇高。一旦养成不断自我激励、一直向着更高目标和更好梦想前进的习惯，我们身上所有的不良品质和坏毛病都会渐渐消失，因为它们成长的温床已经被剥夺。在一个人的个性品质中，只有“被鼓励”“被培育”的品质才会成长，而排除不良品性的最佳方式就是除去它们赖以生存的土壤。

扭转堕落倾向的最佳方法就是我们对“更高更好目标”的渴望。

我们的进取心哪怕再微弱，只要经过培养和扶植，它就会茁壮成长，开花结果。

很多人都觉得“进取心”是与生俱来的，不能通过后天的努力加以培养。可是，就算是最伟大的雄心壮志，也会因为很多种原因受到严重的伤害。拖延、避重就轻的毛病会严重地削弱一个人的志向、影响一个人的理想。

人们时常会感到“进取心”和“意志力”在叩响自己心灵的大门，可是，如果我们忽视了它，不给予它鼓励，它就会慢慢远离我们。就像其他未被利用的功能和品质一样，“雄心”也会消失，甚至没来得及发挥任何作用就消失得无影无踪。假如你发现自己在拒绝这种来自内心的呼唤，你要小心。你的忽视会让这种声音逐渐微弱，直至消失，到那时，你的上进心也就衰竭了。当这个发自内心、督促你上进的声音回响在你耳边时，一定要注意倾听它，它是你最好的朋友，会引你敲响成功的大门。

高度自律源于强大的自信心

不同的自信度，会带来不一样的人生。 普通平凡的人，他们的自信心不如人，有着自甘落后的懈怠思想。 成功者，自信超过常人，自强不息，奋斗不止。 所以，在人生的征途中，要想获得最终的胜利，就要有超人的自信心。 相信自己并不懈奋斗的人，便永没有所谓的失败。

当我们的心中充满坚毅、勇气和信心时，那些束缚、限制我们提升自我的因素将不复存在。

我们的生存状态并不能决定这一生的命运，真正决定我们命运的是自己内心是否充满信心，是否对未来的生活充满希望。 当我们以乐观积极的态度面对自己的生存状态时，我们便开启了生命的原始动力。

我们每个人来到这个世界都是被动的，我们无法选择自己的肤色，就如同我们无法选择遗传基因中的聪明与愚笨一样，但我们可以选择的是对人生的心态。

在美国纽约，有个黑色皮肤的小孩，望着小贩卖的气球，感到很纳闷，于是他就走过去问小贩：“叔叔，为什么黑色气球跟其他颜色的气球一样也会升空呢?”

小贩不懂他的意思，就反问说：“嘿，小朋友，你为什么要问这个问题?”

黑人小孩回答说：“因为在我的印象里，黑人象征着穷、脏、乱和无知。我看到白种人、黄种人甚至印第安人都飞黄腾达，过着令人羡慕的生活，可是我从来没有看到一位黑人出人头地。所以当我看到红色气球、黄色气球、白色气球升空，我相信，可是我从来不相信黑色气球也会升空。我刚才真的看到了，它也能升空，所以我想来问问你。”

小贩理解他的意思后，说：“啊，小朋友，气球能不能升空，问题并不在于它的颜色，而是里面是不是充满了氢气，只要充满了氢气，不管什么颜色的气球都能升空。人也是一样，一个人能不能成功跟他的肤色、性别、种族都没有关系，要看他是不是有勇气和智慧。”

正如这位小贩所说，有一天当我们心里充满了坚强、勇气、毅力这些重要的积极因素时，那些束缚我们成功的限制就不复存在。当我们心里充满了悲哀、自卑等悲观因素时，那些束缚就会真的束缚我们，使我们不但难以成功，还会不断沉沦。

心理学家威廉·詹姆斯说：“我这一生最大的发现，是觉察到人类若心灵意象改变，生活也会随之改变。”在生活中，我们每个人都应该有这样一种卓越的品质，即在经过许多失意事之后，还是满怀信心，毫不失望，认为将来一切自会好转。这种卓越的品质就是自信心。生活中那些性格软弱和事业上不成功的人就是缺乏信心。信心具有令人难以置信的力量，信心能够激发我们的热情，促使我们付之行动。当你抱着“我确实能做到”的态度时，自然就会想出“如何去做”的方法。

美国第四十届总统罗纳德·里根曾经是一个演员，却立志要当总统。从22～54岁，罗纳德·里根从电台体育播音员到好莱坞电影明星，整个青年到中年的岁月都投身于文艺圈内，政治对他来说完全是陌生的，更没有什么经验可谈。这一现实，几乎成为里根涉足政坛的一大拦路虎。然而，当机会来临，共和党内和保守派以及一些富豪们竭力怂恿他竞选加州州长时，里根毅然决定放弃大半辈子赖以为生的影视职业，决心开辟人生的新领域，有两件事树立了里根角逐政界的信心。

一件事是他受聘通用电气公司的电视节目主持人。为办好这个遍布全美各地的大型联合企业的电视节目，通过电视宣传，改变普遍存在的生产情绪低落的状况，里根不得不用心良苦，花大量时间巡回在各个分厂，同工人和管理人员广泛接触，这使得他有大量机会认识社会各界人士，全面了解社会的政治、经济情况。人们什么话都对他说，从工厂生产、职工收入、社会福利到政府与企业的关系、税收政策等。

里根了解这些现状后，通过节目反映出来，立刻引起了强烈的共鸣。为此，该公司董事长曾意味深长地对里根说：“认真总结一下这方面的经验体会，然后身体力行地去做，将来必有收获。”这番话无疑为里根产生“弃影从政”的信心埋下了种子。

另一件事发生在他加入共和党后。为帮助保守派竞选议员，募集资金，里根利用演员身份在电视上发表了一篇题为《可供选择的时代》的演讲。因其出色的表演才能，演讲大获成功，演讲完后立即募集了100万美元，以后又陆续收到不少捐款，总数达600万美元。《纽约时报》称之为美国竞选史上筹款最多的一篇演说。里根一夜之间成为共和党保守派心目中的代言人，声誉日渐高涨。

这时候，传来更令人振奋的消息，里根在好莱坞的好友乔治·墨菲，这个地道的电影明星，与担任过肯尼迪和约翰逊总统新闻秘书的老牌政治家塞林格竞选加州议员。在政治实力悬殊巨大的情况下，乔治·墨菲凭着38年的舞台银幕经验，唤起了早已熟悉他形象的老观众们的巨大热情，意外地大获全胜。

原来，演员的经历不但不是从政的障碍，而且如果运用得当，还会为争夺选票赢得民众发挥作用。里根发现了这一秘密，便首先从塑造形象上下功夫，充分利用自己的优势吸引了众多选民。有人说里根运气极佳，其实，里根的“运气”是他信心坚定的结果。

当然，信心毕竟只是一种自我激励的精神力量，如果离开了自己所拥有的条件，信心也就失去了依托，难以变希望为现实。大凡想有所作为的人，都须脚踏实地、认真地做好每一件事才有成功的希望。正如里根要改变自己的生活道路，并非突发奇想，而是结合他的知识、能力、经历、胆识的。

信心对于立志成功者具有重要意义，信心的力量往往起着决定性的作用，要想事业有成，就必须拥有无坚不摧的信心。人一旦拥有这种信心，并经由自我暗示和潜意识的激发后，这种信心便会转化为一种“积极的感情”。它能够激发潜意识释放出无穷的热情、精力和智慧，进而帮助其获得巨大的财富与事业上的成功。

所以，有人把“信心”比喻为一个人心理建筑的工程师。在现实生活中，信心一旦与思考结合，就能激发潜意识来激励人们表现出无限的智慧和力量，使每个人的欲望所求转化为物质、事业等方面的有形价值。

追求卓越，自律的人勇于超越自我

新闻界的“拿破仑”、伦敦《泰晤士报》的大老板诺思克利夫爵士，对于最初自己每月只能拿到80英镑的处境非常不满。后来，《伦敦晚报》和《每日邮报》皆为他所有，但他仍然感到不满足。直到他当上《泰晤士报》的掌门人之后，才感到一些欣慰。林肯曾这样评价过《泰晤士报》：“除了密西西比河之外，《泰晤士报》是世界上最强有力的一件东西。”

然而，就算当上了《泰晤士报》的大老板，实际上，诺思克利夫爵士还是不肯满足于现状。他要利用《泰晤士报》给予他的权利，“暴露官僚政府的腐败，打倒几个内阁，推翻或拥护几个内阁总理（亚斯·查尔斯和路易·乔治），还要不顾一切地攻击昏庸腐败的政府。……由于他这种大刀阔斧的努力，使得不少国家机关提高了办事效率，并且在某种程度上还改革了整个英国政府的制度。”

他很反感那些自我满足的人。有一次，他在一个素未谋面的助理编辑的办公桌前停了下来，和那个助理编辑攀谈起来：“你到这里来有多久了？”

“快3个月了。”那个助理答道。

“你觉得怎么样？你喜欢你的工作吗？熟悉我们的办事程序了吗？”

“我很喜欢我现在的工作。”

“你现在的薪水是多少？”

“一星期5英镑。”

“你满意现在的状况吗？”

“很满意，谢谢你。”

“啊，但是，你要知道，我可不希望我的职员一星期只拿5英镑就觉得很满足了。”

世界上有很多人一辈子都一事无成，原因就是他们太容易自我满足了！找到了一份稳定的工作，拿着一点点微薄的薪水，每天做着同样的事情，日复一日，终其一生。而他们竟以为人的一生所能拥有的东西也就只能这么多了。

当然，不满足也是痛苦的，为了避免因不满足而带来的痛苦，许多人急于为自己寻找一个舒适的“安乐窝”，目光短浅，只看到当下的安逸，拒绝承担一点压力和责任。

知足可以作为大自然其他动物的目标，但是对一个人来说，切不可把自己一生的追求仅仅局限在一个狭小的范围内。牛和猪有了安全的住处和充足的食物，便会心满意足了。但是人却不能这样，人的目标是要成就事业，而绝不仅仅是成为别人成功道路上的垫脚石。

有些人为了逃避不满足所带来的痛苦，找到了另一种方法——把自己的不幸遭遇归咎于别人，或者归咎于环境。抱怨自己的不幸是由于外界环境的束缚。这样的方法，实在是十分愚蠢而徒劳的。一旦有了不满足的感觉，我们就应当明白，错误在我们自身。要想有所成就，我们就应当在某些方面做些改变。

拥有正能量的人并不惧怕承认自己身上的缺点。他们绝不会躺在“安乐窝”里咀嚼回味着自己的优点，等待朋友投来赞许的目光，并因称赞而沾沾自喜。

拥有正能量的人不喜欢听别人的奉承话，他们总是以批判的态度来审视自己，把自己所处的地位和所期待的情况进行仔细的比较，并以此来激励自己不断努力。

“现在的自己永远是有待完善的”，格斯特的这句话说的便是这个意思。格斯特经常在报纸上发表诗作，是一位深受全世界读者喜爱的诗人。他之所以能够取得成功，很大一部分原因是他时常仰望着理想中的自我，而不是满足于当下的自我。

他还说：“在去年暑假里，我便是如此：我发觉我所希望达到的那个自我比现在的自我要聪明一些。我在远离城市喧嚣的乡间茅舍里，列出了一个表，一方面写出我所希望拥有的东西，另一方面写出我并不想要的东西。……这个表使我的人生变得更丰富、更快乐。”

千万不可以让自己满足于目前的位置而停步不前。要知道，不满足于现状是帮助你迈向成功的关键的第一步。

但是你也应该明白，仅仅是不满足还远远不够。有了改变的意愿，也要有明确的目标，否则，也是徒劳无益的。你必须明确自己的方向，知道你要往哪里去，知道你该怎样去做。

要勇于挑战自己。如果你不给自己设限，那么就没有什么可以限制你。比如从现在起，你决定挑战自己，目标不是很大——连续做 100 个俯卧撑。也许最初拼尽全力只能做 25 个，但如果逐渐增加，咬牙坚持，相信几个月后就能达到目标。

成功就是超越。一个人愈是经常超越，愈是能够不断提升自己的水平，超越各种纪录。特别是这种超越自我的信念，总会让人成功。那些总认为自己不能的人，终会收获所有的不能。

如果你对目前的状况感到不满，你不妨试着朝前后左右、四面八方张望一下，你会发现，机遇可能无处不在。也许，这种可能性最初只是一些模糊的意象，即大部分是由想象构成的。因此，如果你想实现你的抱负，就必须训练并善于利用你丰富的想象力。

只要心中怀有梦想，即便这个梦想不可能马上实现，可它还是具有自身的价值，因为这些梦想可以为你照亮眼前的机会，而这些机会很可能是别人不曾注意到的。

拥有正能量的人在童年时代，脑海中就充满了许多看似千奇百怪的幼稚的梦想。钢铁大王卡内基 15 岁的时候就经常向他那个只有 9 岁的小弟弟汤姆谈起自己对未来的种种希望和设想。他说，等他们长大一些的时候，就可以组织一个卡内基兄弟公司，然后赚很多很多的钱，这样，他们就能为父母买一辆马车了。

塞尔弗利曾经是马歇尔公司的总经理，伦敦最大的一家百货商店就是由他创立的。他在很小的时候，常常在母亲的带领下做一种假想的游戏。母亲常常这样对他说："我们假设你已经长大成人，拥有一份普通的工作，有一天晚上，你回家对我说：'妈妈，我每个星期的薪水涨了一块钱，现在，我们可以多存一点钱了。'

"这样，过一两年后你就会对我说：'妈妈，我们现在可以买一辆四轮马车了。'"

他们每天都进行着这样的游戏，小塞尔弗利在潜移默化的训练中产生了许多梦想。这种"假如"的游戏，坚定了他树立理想、不断前进的信念。这样，等到有一天机会真正到来的时候，他就像在梦想中抓住它一样，同样也能在现实中紧紧地把握住它。

"你以为司机的工作就令我满足了吗？铁路公司总经理才是我真正的目标。"这是一个名叫弗里兰的青年所说的话，但是，这个青年在说这句话的时候，他甚至连司机都还不是。他在铁路上工作了两年的时间，仍然是一列三等火车上看管制动机的工人，月薪才 40 元。然而，一个铁路老工人的一番话刺激了他，促使他说出了上面的那句话。那位老工人是这样对他说的："你现在是一名很不错的制动机工人，按照我多年以来的经验，如果你在目前的这个职位上再干个四五年，就会有升职为司机的机会，月薪就能涨到 100 元左右。只要你做事勤勤恳恳，不因犯什么大事被解聘的话，就可以安安稳稳地当一辈子的司机了。”

听到这番话的青年便是弗里兰。他对自己可以得到一个一生安稳的工作并不以为然。后来他真的实现了他当初所说的那些话。经过自己坚持不懈地努力，他终于当上了美国大都会电车公司的总经理。

弗里兰之所以能够取得如此大的成功，关键在于他没有为一份稳定的工作而感到满足，而是激励自己不断进取、向前发展。最后，他终于实现了自己的理想，攀登上了梦想的高峰。

理想来自于不满足于现状的心态。不满足产生了不同的梦想，梦想带来动力和勇气，进而填平了现实与梦想之间的鸿沟。

白日做梦的人永远也不会成为成功的人士。成功人士的理想都是根植于确切的现实。切实的梦想使他们不满足于当下，从而激励自己努力奋斗，最后，凭借自己的努力获得成功。

坚忍自律，方能成就不凡业绩

今天，当人们谈起美洲的时候，总忘不了第一个发现美洲的人——哥伦布。哥伦布从小就向往着海上航行。1492 年，哥伦布开始了人类历史上第一次横渡大西洋的壮举。谁也不知道茫茫无际的大西洋上，等待着这批由囚犯组成的船队的究竟是什么样的命运，有太多未知的因素使他们不可能对未来做出预测。海上的航行生活十分单调而乏味。

就这样，在海上漂泊了一天又一天，水手们开始沉不住气了，吵着要求返航。哥伦布是一个意志坚定的人，他绝不会让他苦心组建的船队半途而废，留下终生遗憾。他坚持继续向西航行，有时候，他甚至不得不拔出宝剑，强令水手们向前、再向前。在茫茫的大海上苦熬了两个月之后，哥伦布终于到达美洲巴哈马群岛的华特林岛。

哥伦布的故事说明：事业成功的根源在于坚持不断地工

作，以全部精力去做事，不畏艰苦。只要专注于某一项事业，就一定会做出使自己感到吃惊的成绩来。

一个开电梯的工人，他失去了左臂。有人问他是否感到不便，他说："只有在剪指甲的时候才会感到。"

人在身处逆境时，适应环境的能力非常惊人。可以忍受不幸，也可以战胜不幸，因为每个人都有着惊人的潜力，只要立志发挥它，就一定能渡过难关。

小说家达克顿曾认为除双目失明外，他可以忍受生活上的任何打击。但当他真的双目失明后，却说："原来失明也可以忍受。人能忍受一切不幸，即使所有感官都丧失知觉，我也能在心灵中继续活着。"

只要有一线希望，就应坚忍不拔地去奋斗。

1911 年，英国帆船"天堂"号在太平洋航行时，被一场猛烈的风暴吞没。当时，年仅 14 岁的见习水兵杰林·皮斯在海上漂流数天后，来到太平洋南部一座荒无人烟的小岛上。从此，他就在这荒岛上过着漫长的独居生活。直到 1985 年，一艘船才偶然发现了他。那时，皮斯已经是一位 88 岁的老翁了。

如果没有强烈的求生欲望和坚忍的意志，很难想象他能活下来。人一生中会有数不清的打击和困苦。怎样镇定自若地应付各种突发事件？怎样才能逢凶化吉？坚忍顽强就是护身的法宝。

许多职场中人在职业生涯遇到挫折时轻易地放弃了，面对挫折的畏惧和厌倦使他们放弃了希望，那么等着他的只有失望。

别人都已放弃，自己还在坚持；别人都已退却，自己仍然向前；看不见光明、希望，自己却仍然坚忍地奋斗着。这才是成功者的素质。

坚忍的人从不会停下来怀疑自己能否成功，他唯一在考虑的是如何前进、如何走得更远、如何接近目标。无论途中有高山、湍流还是沼泽，他都会毫不犹豫地去攀登、去穿越，直指自己的最终目标。无论遇到多大的困难和危险，都要坚持自己的信念，坚信梦想一定可以实现。

身在职场，更需要有坚忍不拔的精神。唯有这样，你才能战胜工作中的困难和危机，把握住机遇，成就不凡的业绩，并树立起良好的职场声誉，使你在职场中更抢手。

认真努力，用勤奋去实现梦想

在人才竞争日益激烈的职场中，如果你始终把工作当成一种惩罚，那么你永远都休想获得老板的青睐，甚至你可能连目前这份你认为大材小用、埋没了你的才华的工作都保不住。

要想在这个人才辈出的时代走出一条完美的职业轨迹，唯有依靠勤奋的美德——认真地对待自己的工作，在工作中不断进取。

华勒是堪斯亚建筑工程公司的执行副总，几年前，他是作为一名送水工被堪斯亚一支建筑队招聘进来的。华勒并不像其他的送水工那样把水桶搬进来之后就一面抱怨工资太少一面躲在墙角抽烟，他给每一个工人的水壶倒满水并在工人休息时缠着他们讲解关于建筑的各项工作。很快，这个勤奋好学的人引起了建筑队长的注意。

两周后，华勒当上了计时员。当上计时员的华勒依然勤勤恳恳地工作，他总是早上第一个来，晚上最后一个离开。由于他对所有的建筑工作比如打地基、垒砖、刷泥浆等非常熟悉，当建筑队的负责人不在时，工人们总喜欢问他。现在他已经成了公司的副总，但他依然特别专注于工作，从不说闲话，也从不参加到任何纷争中去。他鼓励大家学习和运用新知识，还常常拟计划、画草图，向大家提出各种好的建议。

华勒没有什么惊世骇俗的才华，他只是一个穷苦的孩子，一个普普通通的送水工，但是凭着勤奋工作的美德，他得到了机遇的垂青，并一步一步地成长。

这个故事告诉我们，要想在职场中脱颖而出，你就必须比别人更勤奋、努力，拥有积极进取、奋发向上的心，否则你只会由平凡转为平庸，最后变成一个毫无价值、没有出息的人。

人们有一种错误的观点，以为天才不需要勤奋与苦干，这种思想断送了不少人的大好前程。

英国画家雷诺兹说："天才除了全身心地专注于自己的目标，进行忘我的工作之外，与常人无异。"

一位作家写道："我见过米开朗琪罗，他 60 岁的时候身体已不是那么强壮了，但他仍然在大理石上飞快地挥舞刻刀，弄得石头的碎屑四处飞落，显然他比小伙子干得都多。他工作起来真是精力充沛、生龙活虎。"

达·芬奇是个乐观开朗、干劲十足又热情洋溢的人。

每天天刚亮就开始工作，直到工作室伸手不见五指，他才离开画室去休息。

这些被世人称之为天才的人，如果只是等着发挥天才的作用，那可能早就被人遗忘了。他们的勤奋不懈才是被世人赞叹的最根本的原因。

所以，不管你现在所从事的是怎样一种工作，不管你是一个水泥工人，还是一个优秀的精英，只要你勤勤恳恳地努力工作，就会被上司认可，你就会为自己找到合适的机会。因为，你的勤奋带给企业的是业绩的提升和利润的增长，带给自己的是宝贵的知识、技能、经验和发展的机会，当然随着机会到来的还会有财富。

享受生活固然没有错，但怎样成为企业中有价值的抢手人才，才是最应该考虑的。一个有头脑的、智慧的职业人士绝不会错过任何一个可以让他的能力得以提高、才华得以展现的工作。所以，正确认识你的工作，勤勤恳恳地努力去做，才是对自己负责的表现。

PART 2

自律的人生，从管理时间开始

守时：每个人都应具备时间意识

守时问题是我们最常遇到的问题，它也从侧面考验着一个人是否自律、诚信。生活中，朋友间约会是常事，在相约前都会事先确定好时间和地点，可是到时间后，总会有人迟到甚至临时有事不去了。“起床晚了”“路上堵车”“自行车坏了”……不守时的人总是有着千万条理由。

互相有约定的人大都是交情不错的朋友，如果一个人对待自己的朋友尚且如此，那么他的时间观念、诚信观念确实存在着很大的问题。生活中类似的问题还有很多，虽然看上去短时间内不会影响彼此间的关系，但是时间长了，经常不守时的人就等同于反复彻底地践踏自己的诚信，等到意识到问题的严重性恐怕就已经“为时晚矣”。

路易十四说过：“守时是最大的礼貌。”时间本身对于每个人都是公正的，时间不会因为你的权贵、贫贱、美丑而“短斤少两”，只是守时的人将时间看得重，所以他们会觉得时间在善待自己，而总是缺席或者迟到的人，因为对时间不重视，他们总是感觉时间从身边悄悄溜走了。

守时是一种承诺，是你对别人时间的尊重。时间是最不值钱也是最值钱的东西，因为每个人都会有充裕的时间，但是过去的时间是永远追不回来的，所以在与他人共度的时间内一定要懂得尊重别人的时间，这样你也会得到尊重。守时的人不仅会最大限度地利用自己的时间，还能让守时的好习惯成为他成功的跳板。

一段时间前，王总的一个朋友向他推荐了一家印刷厂，印刷厂的厂长在得知王总的公司有很多印刷方面的业务时，特别想要争取到王总公司的业务，于是他跟王总约定好时间进行详细的面谈。

这一天，厂长带着他们厂精美的印刷样本、详细的价目表来到了王总的公司。厂长到会议室时，王总已经早早地坐在那里，厂长并没有意识到他已经足足迟到了20分钟，而王总却已经在心里确定了，无论价格上有多大的优势，也不能将自己公司的业务交给这样不守时的人。

并不是王总为人苛刻，王总公司的印刷品对公司的发展十分关键。王总公司的产品印刷件要求每星期三送到，星期四装订，星期五发送到下星期即将举行的座谈会地点，而这样的程序如果迟了一天就会跟迟到一年一样糟糕。

即便这样的时间安排，王总的公司也需要同时有十多位工人一起工作才能在既定的一天将销售信、订货单叠好塞进信封，而如果这些印刷品没能及时送到公司，那么公司后面的业务将无法展开。

所以，因为印刷厂的厂长在双方的第一次约定时就不能准时到达，王总据此推断这位厂长一定不能将工作干净利索地做好。

在初次与人打交道时，判断一个人最直接的方式之一就是看这个人是否守时，特别是一些商务方面的会晤，如果你不守时，别人会对你做出负面的评价，而守时的人，不需要他自我介绍，别人也会对他有好的印象。

守时的人生活大都不懒散，因为有着守时的好习惯，他们对他人守信，也能获得他人的尊敬。守时是一种社交礼貌，任何理由的迟到或临时推脱都是失礼的行为。守时也是一种文明的体现，越是先进的国家，越是注重守时的观念。在分秒必争的今天，守时已经成为有关成败安危的关键。

所以，培养自己的时间观念，养成管理时间的好习惯，这是一种能力，也是每个人都应该具备的一种意识。

时间无价，珍惜生命中的每一分钟

浪费时间是一个人生命中最大的错误，浪费时间的行为对一个人具备毁灭性的力量，人生中大量的机遇都蕴含在点滴的时间中，而浪费时间就意味着错过机遇，埋没希望。一个人最宝贵的财富就是发现时间的价值，让珍惜时间成为自己生命中不容易改变的习惯。如果一个人不懂得争分夺秒、惜时如金，那么他在其他方面再努力，也不容易获得成功，因为任何伟大的成功都是争分夺秒、惜时如金换来的。

“光阴一去不复返”，每个人都应该意识到时间的宝贵，明智的人不会浪费时间，点点滴滴的时间在他们眼中都是浪费不得的珍贵财富，所以当你伸懒腰时，当你出神遐想时，赶紧给自己当头一棒，告诉自己，时间是无价的，绝不能胡乱地浪费掉。

每一个成功者都懂得珍惜生命中的每一分钟。懂得珍惜时间的人面对不同的人和事时，会在头脑中有一个清晰的分析，他们知道自己正在做的事情是否有价值，如果认为正在做的事情毫无必要，他们会及时想到办法收场。 而且他们也绝对不会去浪费别人的时间，不会在别人忙碌时与其天南海北地畅聊，因为这样的行为对他们来说就是在妨碍别人，就是在浪费别人的生命。

有着“华尔街的拿破仑”之称的美国金融巨头摩根曾两度使美国经济起死回生。他在与人接洽生意时总是能以最少时间产生最大的效率。

因为摩根十分珍惜时间，所以他的行为也招致了很多的怨恨。摩根每天会在上午 9 点 30 分准时进入办公室，下午 5 点准时回家。有人在对摩根的资产评估后，估算出他每分钟的收入是 20 美元，但是摩根却认为自己每分钟的价值远不止这些。摩根除了与自己在生意上有特别关系的人商谈外，与其他人谈话的时间绝对会控制在 5 分钟以内。

摩根的办公室并不是单独的，他与许多员工一起工作，这样他会随时指挥他手下的员工，按照他的计划去行事。只要走进那间大大的办公室，你会很容易看到他，但是如果没有很重要的事情，你也绝对是不被欢迎的。

摩根因为珍惜时间的好习惯，也培养出自己很强的判断力，当你转弯抹角向他表达你的意图时，摩根或许早就判断出你的真实意图。他对耗费他人时间的人非常反感。

摩根珍惜时间的习惯让他能拥有金融巨头的称号，而很多人虽然都能意识到时间的重要性，但他们浪费时间的行为却无时无刻不在发生着。 无论是谁，如果不趁年富力强的黄金时代去培养自己珍惜时间的好习惯，那么以后一定不会有什么大的成就。

当你充满干劲地去做一些事情时，一定要注意把握时间的效率，这种习惯一定会给你带来丰硕的成果。一个人如果将宝贵的时间无谓地分散到许多并不重要的事情上，这个人也很难取得一定的成就。 所以不要再浪费自己的时间了，时间无价，珍惜生命中的每一分钟吧！

合理安排时间，提高时间效率

自律的人办事效率非常高，总是能遥遥领先他人，而其他人只能望其项背。大多数人在对这样的人羡慕的同时都忽略了一点，那就是高效率的人未必都是聪明绝顶的人，他们只不过更能合理地运用时间。鲁迅先生曾经这样评价能够高效利用时间的人：“时间，每天得到的都是 24 小时，可是一天的时间给勤勉的人带来的是智慧与力量，给懒散的人留下的只是一片悔恨。”可见，时间对于善于利用它的人来说是慷慨的，而对于不能珍惜它的人来说则是残酷的。

很多人日复一日地花费大量的时间在做着一些与自己的梦想毫不相干的事情，而自己却丝毫不曾意识到。这样的人不妨自己反省一下，在一天中时间效率最高的时候你在做什么？是不是很多时候你都在接打不必要的电话，或者是参加一些毫无意义的聚会？每个人都拥有的而且绝对不能浪费的就是时间，所以真正想做好事情的人一定不会浪费时间，一定会事先安排好自己的时间。

林志三年前大学毕业时踌躇满志，他对自己的未来充满了希望，他一心要做成一番大事业，一心想着能出人头地。可如今三年过去了，林志发现自己依旧在原地踏步，跟刚毕业时比，自己没有一点点进步。而跟自己一起毕业的那些同学有的已经当上了经理，有的也成了部门的主任。

林志羡慕之余，也在从自己身上找原因，他将自己失败的原因归结为自己在工作上还不够努力，林志觉得他每天的工作时间还不够长。正是因为自己的工作时间短，而且不像别人那么努力，所以才会出现现在这么大的差距。林志决定一定要努力去赶超同学，他想着以后每天要把更多的时间用在工作上，他要更加努力地工作，再过三年后，他一定要超过自己的同学们。

就这样，林志在忙碌中又过了三年。这三年林志做到了努力工作，他每天的工作时间都保持在了10个小时以上，他也终于如愿获得了升职的机会，可是他发现自己的那些老同学也在进步，而且进步比他还快，此时他跟以前的那些同学的差距更大了。

林志感觉到无助和苦恼，这时，林志的部门经理看出了他的这种困惑，他递给林志一本关于时间效率方面的图书，并且对林志说："这本书里有你想知道的答案，好好看看吧。"

一个月后，林志把这本书交还给部门经理，并深深地向部门经理鞠了一躬，以此来感谢部门经理对他的帮助。在读了这本书后，林志找到了自己的症结所在，原来林志虽然一直在忙碌，却没有目的性，而是盲目地在工作，他从来没有给自己制订一个系统的计划，他看似将很多的时间用在提升自己上，实际效率却很低。

林志向部门经理保证，他以后一定会合理安排自己的时间，再也不会像以前一样让时间盲目、低效地流失了。此后，林志每天都会制订工作计划，并且按照事情的轻重缓急分别处理手头的事务。这样一来，他的工作效率大大提高了，他最终也获得了心仪已久的职位，也赶上了跟自己同届毕业的同学。

毫无计划地生活和工作，只会让自己每天看起来都在忙碌，而这个“忙碌”的过程效率却极其低下。回顾每一天，你会觉得自己做了大量的工作，但细细回想一下，这些工作你都是在高效率的情况下完成的吗？做这些事情时你是否做到了井然有序呢？你是否按照事情的轻重缓急去进行了呢？你的工作效率是否能经过合理规划而进一步提升呢？

时间对于每个人来说都是平等的，它不可逆转、不能储存，而且还是一种非可再生资源。能够珍惜时间的人，都是能够高效做事的人，因为只有懂得时间的价值，才能更好地利用时间，在有限的时间内去做更多的事情，更早一步迈向成功。

时间是奢侈品，不能让我们任意挥霍，所以我们要珍惜时间，在时间中酝酿出效率，在时间中创造奇迹。节约时间，就是节约生命，就是追求卓越，缔造高效率的成功人生！

该做的事立刻去做，绝不拖延

生活中，不自律者遇到事情总是产生“等等再说”的想法。“再等一会儿”“明天开始做”这样的想法在大脑中停留时间过长就会逐渐形成拖延的习惯，特别是那些不能在短时间内完成的事情，不自律者更喜欢去拖延。若要摆脱这种消极思想的束缚，你不妨告诫自己：不管事情大小，不要放任自己去无限期地拖延。遇到问题要积极着手解决，一分钟也不要等，提高做事的效率。

有一位艺术家，他的身边总会习惯性地放着各式的小纸条和笔，每当有新的灵感产生时，他就会立即将它记录下来，他不允许自己的任何一个想法溜走，即便夜里做梦醒来，也会立刻记下来。他这样做时很自然，丝毫不刻意，主要还是因为他养成了做事情不拖延的习惯。

不拖延是习惯，拖延也是习惯。任何问题的产生都有一个萌芽期，及时将问题消灭在它的萌芽期，不然等时间长了，问题会越来越严重。所以当你的拖延恶习在作祟时，就要及时纠正，不要将问题一拖再拖，延误了解决问题的最佳时期。

李海东大学毕业后，在北京做过很多工作，但没有一份工作超过三个月，并不是他看不上这些公司，而是因为他的差劲表现，公司才辞退了他。

李海东从小做事就拖拖拉拉，工作后仍旧不改自己的坏习惯，公司安排的事情，他经常找借口拖延，今天推明天，明天推后天的，很少能按时完成任务。因为他的拖延，公司交给他的项目都没有按时完成，所以他没做多久就被公司辞退了。

就这样，李海东换了三份工作，于是他痛下决心，要改掉这个恶习。不久，李海东再次获得了一份工作，这家公司很看重他的市场策划能力，决定先试用三个月，表现合格就转正。这次李海东吸取了之前的教训，在公司安排给他一个市场策划任务后，他立刻就开始了市场调研工作，他为自己安排的时间是：先进行一周的市场调研，然后用一周时间写规划书，并进行修改。这样，半个月就可以将任务完成。刚开始，看到李海东每天在各大市场奔波，公司的经理也很欣慰，觉得公司总算找到宝了。可是一周的市场调研还没结束，李海东的老毛病就犯了："这几天太累了，今天休息一天吧，反正还有一周多的时间呢……""公司又没要求我半个月必须完成，我这么着急做什么……"诸如此类的借口涌入李海东的脑海里，就这样，他拖延的老毛病战胜了他痛改恶习的决心。很快，半个月的时间到了，而李海东的规划书还没开始写。又过了几天，经理询问他规划书的进度，想要看一看，李海东只得推脱还没有出成稿，经理没有为难他。可是过了几天，经理再次询问的时候，李海东还是这样的答案，经理皱了皱眉头。就这样，试用期还没有过，李海东就再次被公司辞退了。

李海东一贯拖延的恶习让他一直没有找到一份长久的工作，自然也无法实现他的价值。按说，李海东一定有足够的能力胜任自己找到的每一份工作，不然短时间内也不会有那么多公司愿意录用他。可是他一贯拖延的恶习，在经理眼中就是工作态度消极的表现，就是对工作不认真。

不仅仅是李海东，每个人心中都有个拖延的恶魔，它会在你不经意间靠近你，迅速地缠上你，如果不将这个恶魔立即扼杀掉，它会成为你今后工作中的一大隐患。

一个人在做事中迟疑和拖延，就如同带了一颗定时炸弹，如果不能及时拆除，总有一天会发生爆炸。怎样才能做到做事不拖延呢？那就要求我们培养积极做事的习惯，遇到困难时要迎难而上，而不是停留歇息。在积极处理问题的过程中，你也会形成良好的做事习惯。正如歌德所说：“一旦开始，完成在即。”不要迟疑，不要拖延，现在开始行动起来！

统筹兼顾，合理安排工作时间

一天的工作时间是有限的，而且我们每天要完成的工作又很多，这就要求我们必须学会善待时间，学会抓住时间，充分利用时间，合理地安排工作日程。

某一天，李经理准备到办公室着手草拟下一年度的部门工作计划。

他9点整走进办公室，突然想到不如先将办公室整理一下，以便在进行重要的工作之前为自己提供一个既干净又舒适的环境。他总共花了30分钟的时间，很快他的办公环境就变得干干净净，于是他面露得意之色，随手点了一支香烟，稍作休息。此时，他无意中发现一本杂志上的彩色图片十分吸引人，便情不自禁地拿起来翻阅。

等他把杂志放回架上，已经10点钟了。这时他虽略感时间流逝带来的不自在，不过转念一想，偶尔看看杂志也是对生活的一种调节，这样一想，他才稍觉心安。

接着，他静下心来准备埋头工作。

就在这个时候，他的手机响了，是他女朋友来的电话，于是他又和她在电话里聊了一阵。他感到精神不错，满以为可以开始致力于工作了，可是，一看表，已经10点45分了，距离11点的午餐只剩下15分钟。他想：反正这么短的时间内也办不了什么事，不如干脆把计划做的工作留到下午算了。

善待时间就是善待生命，凡是试图想成功的人，都应该从善待时间开始，踏踏实实地做好每一件事。

从某种意义上说，工作效率就体现在人们所谓的零碎的时间中。能够掌握好自己时间的人，一定会有所成就。

时间是由那些最小的单位构成的，那一秒一秒的时间就是你生命的碎片，需要你不断地收集，最后才能形成一个整体生命。如果不注意收集时间的碎片，那么，你就不会拥有完整的生命，也就不会取得任何成功。

我们每天的生活和工作中都有很多零碎的时间，如果有人约你一起吃饭却迟到，而你只能等待时，或者你到修车厂去取车而车子无法按约定时间交付时，或在银行排队而向前移动的速度慢时，千万不要把这些短暂的时间白白耗掉，完全可以利用这些时间来做一些平常来不及做的事情。

但凡效率高的人，大都能做到非常合理地利用时间，让时间的消耗降低到最低限度。《有效的管理者》一书的作者杜拉克说："认识你的时间，是每个人只要肯做就能做到的，这是每一个人能够走向成功的有效的必由之路。"据有关专家的研究和许多领导者的实践经验，人们可以从以下几个方面驾驭时间，提高工作效率：

1. 善于集中时间

千万不要平均分配时间，应该把你有限的时间集中到处理最重要的事情上，不可以每一样工作都去做，要机智而勇敢地拒绝不必要的事和次要的事。

一件事情发生了，开始就要问："这件事情值不值得去做？"千万不能碰到什么事都做，更不可以因为"反正我没闲着"，没有偷懒，就心安理得。

2. 善于把握时间

每一个机会都可能是引起事情转折的关键，有效地抓住时机，可以牵一发而动全局，用最小的代价取得最大的成功，促使事物的转变，推动事情向前发展。

如果没有抓住时机，常常会使已经快到手的结果付诸东流，导致"一招不慎，全局皆输"的严重后果。因此，取得成功的人必须要审时度势，捕捉时机，把握"关节"，做到恰到"火候"，赢得机会。

3. 善于协调两种时间

对于一个取得成功的人来说，存在着两种时间：一种是可以由自己控制的时间，我们叫作"自由时间"；另外一种是属于对他人他事的反应时间，不由自己支配，叫作"应对时间"。

这两种时间都是客观存在的，都是必要的。没有“自由时间”，完完全全处于被动、应付状态，不会自己支配时间，就不是一名成功的时间管理者。

可是，要想绝对控制自己的时间在客观上也是不可能的。想把“应对时间”变为“自由时间”，实际上也就侵犯了别人的时间，这是因为每一个人的完全自由必然会造成他人的不自由。

4. 善于利用零散时间

时间不可能集中，常常出现许多零碎的时间。要珍惜并且充分利用大大小小的零散时间，把零散时间用来去做零碎的工作，从而最大限度地提高工作效率。

5. 善于运用会议时间

召开会议是为了沟通信息、讨论问题、安排工作、协调意见、做出决定。很好地运用会议的时间，就会提高工作效率，节约大家的时间；运用得不好，则会降低工作效率，浪费大家的时间。

时间对每一个人都是均等的，关键看你怎么用。会用的，时间就会为你服务；不会用的，你就为时间服务。

速度决定成就，效率决定业绩

身在职场，你要保证你做的工作既有速度又有质量，这样你的速度才可以决定你的成就，在这种情况下，也可以说，你的工作速度有多快，你的成就就有多大。

在职场中，只有立即动手的人才能够抓住转瞬即逝的机会，也只有立即动手的人才能够很快地将自己的想法付诸行动。

有这样一个关于速度的故事：

在改革开放初期，海南有一家很有名的企业，那就是海口饮料厂。它之所以有名是因为它本来是一个濒临破产的企业，最后却成为海南当地的明星企业。

王光兴就任海口饮料厂厂长之后，这个企业面临这样一个状况：产品滞销，资金冻结，生产基本停顿。面对这样的状况，他给厂内的产品质检和研发部以及市场部的员工们下了一个命令：在 15 天之内改进主产品的原料结构，使之更加符合当代人的口味，并做出全国的市场分析详细报告。

15天！这并不是一个简单的任务。面对这样的任务，员工们有两个选择：第一个是放弃，救活这个企业是一个无法完成的任务，算了吧，肯定会失败的；而第二个则是立即动手，分析原因，研究配方，调查市场，开始计划，并将这一切落到实处变成现实。很显然，海口饮料厂的员工们选择的是后者。

靠着这种卷起袖子干活的精神，他们在15天之内做到了王光兴所要求的一切。也正是靠着这样的精神，这个企业在不到三年的时间内，由一个积压了800多吨产品的企业变成了一个年赢利108万元的明星企业，企业资产比他们开始行动起来做调查、研究之时增加了四倍。

后来员工们回忆说，如果当时他们的犹豫真的超过了行动起来的决心，那么他们的企业永远不可能拥有后来的成功。

面对困境和艰难的任务，如果不立刻卷起袖子干活，这种困难就将会渐渐磨灭人的决心和意志，最后的结果就会是人的惰性最终获胜，从而使得任何美好的计划都功亏一篑。一个人在工作中能不能做出成绩，就看他能不能很积极地对待自己的工作。 在工作中，员工肯定会面临很多艰难的任务，这个时候如果不能迅速行动起来，那么机会就会被别人夺去。因此，当你肯定了你的工作，就必须尽快为之付出行动，只有这样，你的付出才会有回报。别忘了，公司的工作要的是速度和效率，如果二者都做不到，那么你就不是一个合格的员工。

PART 3

管好自己，人生必须有计划

因为有目标，所以更需要好好计划

计划是实现目标的唯一手段。所谓“一等人计划明天的事，二等人处理现在的事，三等人解决昨天的事”，养成事前计划的习惯，确实是所有成功人士共通的特点。在企业界有句名言“在计划上多花一分钟，在执行上可以节省十分钟”，这句话同样适用于个人的时间管理上，因为事前良好的计划，加上养成按照计划执行的习惯，通常可以在最短的时间内完成目标，因此可以说计划是时间管理最重要的工具。

美国作家艾伦拉肯说：“计划就是把未来拉到现在，所以你可以在现在做一些事来准备未来。”当你决定人生的方向，知道自己真正要什么之后，接下来必须回到现实中来，而计划就是连接目前与未来、现状与目标之间的桥梁。有了计划才知道要花多久的时间来完成目标，因此，追求成功的人，必须养成事前计划的习惯。

关于人生规划，我们先来看个四只小虫子的故事。

小虫子都喜欢吃苹果，有四只要好的小虫子，都长大了，各自去森林里找苹果吃。

第一只小虫子跋山涉水，终于来到一棵苹果树下。它根本就不知道这是一棵苹果树，也不知树上长满了红红的可口的苹果。当它看到其他的小虫子往上爬时，稀里糊涂地就跟着往上爬。没有目的，不知终点，更不知自己到底想要哪一种苹果，也没想过怎么样去摘取苹果。它的最后结局呢？也许找到了一颗大苹果，幸福地生活着；也可能在树叶中迷了路，过着悲惨的生活。不过可以确定的是，大部分的虫子都是这样活着的，没想过什么是生命的意义，为什么而活着。

第二只小虫子也爬到了苹果树下。它知道这是一棵苹果树，也确定它的目标就是找到一个大苹果。问题是它并不知道大苹果会长在什么地方。但它猜想：大苹果应该长在大枝叶上吧！于是它就慢慢地往上爬，遇到分支的时候，就选择较粗的树枝继续爬。于是它就按这个逻辑一直往上爬，最后终于找到了一个大苹果，这只小虫子刚想高兴地扑上去大吃一顿，但是放眼一看，它发现这个大苹果是全树上最小的一个，上面还有许多更大的苹果。更令它泄气的是，要是它上一次选择另外一个分枝，它就能得到一个大得多的苹果。

第三只小虫子也到了一株苹果树下。这只小虫子知道自己想要的就是大苹果，并且研制了一副望远镜。还没有开始爬时就先利用望远镜搜寻了一番，找到了一个很大的苹果。同时，它发现当从下往上找路时，会遇到很多分支，有各种不同的爬法；但若从上往下找路时，却只有一种爬法。它很细心地从苹果的位置，由上往下反推至目前所处的位置，记下这条确定的路径。于是，它开始往上爬了，当遇到分支时，它一点也不慌张，因为它知道该往那条路走，而不必跟着一大堆虫去挤破头。最后，这只小虫子应该会有一个很好的结局，因为它已经有自己的计划。但是真实的情况往往是，因为小虫子的爬行相当缓慢，当它抵达时，苹果不是被别的虫捷足先登，就是苹果已熟透而烂掉了。

第四只小虫子可不是一只普通的虫，做事有自己的规划。它知道自己要什么苹果，也知道苹果将怎么长大。因此当它带着望远镜观察苹果时，它的目标并不是一个大苹果，而是一朵含苞待放的苹果花。它计算着自己的行程，估计当它到达的时候，这朵花正好长成一个成熟的大苹果，它就能得到自己满意的苹果。结果它如愿以偿，得到了一个又大又甜的苹果，从此过着幸福快乐的日子。

第一只小虫子是只毫无目标，一生盲目，没有自己人生规划的糊涂虫，不知道自己想要什么。遗憾的是，我们大部分的人都是像第一只小虫子那样活着。

第二只小虫子虽然知道自己想要什么，但是它不知道该怎么去得到苹果，在习惯认为是正确的标准的指导下，它做出了一些看似正确却使它渐渐远离苹果的选择。而曾几何时，正确的选择离它又是那么近。

第三只小虫子有非常清晰的人生规划，也总是能做出正确的选择，但是，它的目标过于远大，而自己的行动过于缓慢，成功对它来说，已经是明日黄花。机会、成功不等人，同样，我们的人生也极其有限，我们必须把握时机，那么单凭我们个人的力量，也许一生勤奋，也未必能找到自己的苹果。如果制订一个适合自己的计划，并且充分借助外界的力量，借助许许多多的望远镜之类的（在我们的现实生活中可以理解为找个贵人帮自己）帮助，也许第三只小虫子的命运会好很多。

第四只小虫子，它不仅知道自己想要什么，也知道如何去得到自己的苹果，以及得到苹果应该需要什么条件，然后制订清晰实际的计划，在望远镜的指引下，它一步步实现了自己的理想。

其实我们就是小虫子，而苹果就是我们的人生目标。爬树的过程就是我们花时间去追求人生道路的过程。每个人都得爬上人生这棵苹果树去寻找未来，完全没有规划的追求是注定是要失败的。

有一句名言：成功的关键在于预算你的时间和资源。许多成功人士能够成功的重要原因就是好好地利用了工作的三分之一，甚至经常把另外三分之二的时间也利用起来。人生就是利用个人的时间和资源来谋求成功。

从小，就不断有人问孟夏：你长大了想干什么？她自己直到大学毕业也不清楚自己想做什么，擅长做什么。孟夏一直是个优秀的学生，但自认为毫无特长。大学的专业并不是自己喜欢的，但自己到底喜欢什么？她不清楚。她当了两年教师，没找到兴奋点，后来又稀里糊涂读了原专业的研究生，毕业后进了出版社，工作了两三年，没有太大的成就感，感觉很苦闷，好像有劲没处使，于是想跳槽。

偶然看到报上的某个招聘广告，她就去应聘了，对所要进入的行业没有太多的了解、分析。刚进入一个新领域的新鲜感消失后，她又开始怀疑自己的选择：我到底适不适合这个职业？在这个职业工作了几年，别人看来还算不错，但自己内心有时会冒出一个声音：这不是我最想要的！不满足感常常困扰孟夏，使她每天都过得很不开心。后来孟夏了解到一些有关职业生涯规划的信息，后悔从前没有自我规划的意识。但她转念又一想，即便有自我规划的意识，如果不清楚自己想干什么，也无从规划！孟夏已经35岁了，再重新规划职业道路好像也有些力不从心了。

有什么样的规划就有什么样的人生。我们的时间非常有限，越早规划你的人生，你就能越早成功。要想得到自己喜欢的苹果，想改变自己的人生，就要先从改变自己开始，做好自己的职业生涯规划，做第四只小虫子。

索柯尼石油公司的人事经理保罗·波恩顿，在其工作的20年内，曾经面试过8万名应聘者，并且出版过一本书——《获得好工作的6种方法》。人们经常问起他这样一个问题：“你觉得现在的年轻人在求职的时候，什么最重要？”

“知道自己想要什么，”他回答，“这也许会让人觉得很意外，但是事实的确如此，很多年轻人花在影响自己未来命运的工作选择上的精力，甚至还没有花在研究去哪儿吃中餐的时间多，这是一件非常奇怪然而又非常悲哀的事情，要知道，未来的幸福和生存完全依赖于这份工作。”

科学的计划和方案就像是火车的轨道：有了轨道，火车就能够轻而易举地前进；没有轨道，火车将会寸步难行。

一旦你写出计划之后，每天对自己至少大声念一次，这样不但可以加强你的执着信念，同时也可以强化你内在的力量，并使你朝着目标前进。

合理规划时间，才能创造出最大价值

很多经验表明，成功与失败的界限在于如何分配时间，如何安排时间。一些人往往认为，这儿三五分钟、那儿四五十分钟算不得什么，其实它们的作用却非常大。正像本·富兰克林所说的：“时间是所有资源中最重要的资源之一，既无法替换也无法补救。你的时间用完了，你的生命也就到头了。”

要想达到人生的目标，取得事业成功，就必须重视时间的价值，最大限度地有效利用时间。一些效率专家认为，计划、分析、行动是合理规划时间，提高工作效率的前提。

1. 计划

同任何一种管理一样，时间管理也需要妥善计划安排，这样才能充分发挥效用。

当计划开始的时候，首先通过检查规划时间的必要性、重要性及选择性，制订出时间管理的原则，然后依据这些原则列出工作的先后顺序。

2. 分析

如果你想知道时间是如何被消耗掉的，可以事先准备一个记事本，详细记录一周的时间利用情况。将每一天都按时间划分，每完成一件工作，就记录下完成工作的内容和所花费的时间。然后，到周末的时候仔细分析这一周的时间是否利用得合理，工作精力是否充沛。

两三周之后，分别记录各项工作所花的时间，检查体能状况，分析一下是上午体力好还是下午体力好。如果有规律可循，可以考虑在体力最好的时候做最重要的工作。

考虑一下，自己在精力最旺盛的时候都做了些什么？是在网上跟朋友聊天，还是在全力以赴地干工作？有哪些工作本来可以做得更快、更有效率？自己将多少时间花费在不重要的工作上了？

当你把时间利用得是否得当搞清楚之后，就会在今后执行时间管理计划的时候改变时间利用方式，努力提高工作效率。

3. 行动

每天都要根据计划所列的先后顺序迅速、果断、有效率地采取行动。要主动掌控时间，多做节省时间的事情，要努力做到以下两点：

(1)给自己定出一个期限。即使在自己的计划中没有时间限制，也要为自己规定一个期限，当期限到时，回过来再去看看自己究竟做了多少工作，以此来激励自己。

(2)删减细枝末节。要在某段时间内集中精力做好一件事，要注意因事情停止和重新返工而浪费掉的时间和精力。在不得已需要放下一件事情的时候，至少也要提出弥补解决该事情时间的办法。

马上开始，制订月计划

1. 月计划的第一步是写明天最重要的六件事

每晚写上六件明天最重要的事情。就是这么容易，简单得难以令人相信！但这方法会帮你赚大钱。抓起手边的任何白纸，告诉自己："我要开始了，明天最重要的事是第一、第二……"这种方法立竿见影。而且让你花一些心思集中在明天，因为你经常太忙，以致无法为明天做计划。

这个方法为流水般的光阴筑起一道墙。每晚选择这六件事时，就是为未来作抉择。未来就在你的掌握之中。几乎没有人会每晚计划明天；而借此方法，你可以成为所有追求成功者中的佼佼者。

摘记下所有可以想到的事，开始问自己："昨天该做而没做的是什么？"然后再问："哪些事今天应做而未做？"继续问："明天该做的最重要的事是什么？"这张表可能长得不可思议，但不必为此烦恼。

修改到剩下六件事为止。使用这套方法三星期之后，你会豁然开朗——你发现到自己在工作时，就在寻找这六件事，晚上你很快就能想出明天的工作和需要有哪些。你会像这样对自己说："北新公司的情况危急，明天得去看看。还要去见史密斯，但我们的提案还没准备好，先去找卡尔森好了。不过，下星期去的话，还可以顺道看威廉。噢！我得先通知玻斯一件坏消息。好吧！明天先打电话给他——先做不愉快的事。"

2. 月计划的第二步是排列先后顺序

排列时从最难的开始，排到最简单的事，如果你如此循序进行，就会达到最高办事效率。排好后，不要再想明天的事，一切等到明天再说。你会发现自己能更清楚地构想出明天如何有效率地一一完成工作，而不是面对六件难事。现在把这六件事照顺序解决。从第一项开始。尽量避免干扰，若无法避免，要赶快解决，然后回到第一件事，迅速完成，做完以后就从表上划掉，继续做第二项。以此类推。对于工作要坚持圆满完成的态度。如此进行三星期之后，你会发现比以前没头没绪的做法，多出许多时间。也许一天你只划掉两件事，甚至一件事而已，但你已把当天最重要的事完成了。有很多人从来没有完成最重要的事。倘使你每天紧扣在这六件事上，绝不会出差错。一个月你做完三十件最重要的事，你还会失败吗？如果一天能完成六件事，一个月共一百八十件，一年两千一百九十件，你整个人生将为之改观。

3. 月计划的第三步是每晚列一次新表

每晚列一张新表，今天没完成的放在明天的第一项。你睡前的目标是选出明天的六件事。

只要决定好、写下来，就是很好的准备了。你的心会在睡眠时帮你工作。你可有过这种经验？在重要会议的前一晚，你会想着明天开会时，我要“让他们看——，告诉他们——，也许他们会问——，我要回答——”。此刻，这些答案可能会浮现脑海，但并不如你想要的那么令人信服。第二天早上，当你面对大家时，强而有力的说词竟脱口而出，让你自己都吓一跳。你有过这种经验吗？你也不知道怎么会有这样的反应。

它来自你的潜意识，来自心智对外来刺激的一种反应：当前一晚躺在床上做心理准备时，正是在刺激你的心志。但是在床上并不是做心理准备最好的时机。有些人可能喜欢在寂静的小房间里思考。你不妨实验，看看哪种方式最适合自己。

4. 月计划的第四步是广泛运用这种方法

人生不只是做生意赚钱，个人生活也是重要范畴。六件事中应同时包括这两项领域。记下一些重要的私人事物：孩子的生日、结婚周年纪念日，这不都很重要吗？你可能有一年忘了它，这还没关系，但若每年如此，似乎就是你有意要忘掉它了。写下这些私人事务。如果你要对朋友生日有所表示，就排在这每日计划中。对成功的热切追求，常易使你忘了这些人情世故，直到你失去朋友、家人，才恍然大悟。许多向成功努力迈进的人，都发生这种情形，他们就像镜子，一面反映出璀璨事业，但背后却是晦暗无聊的私生活。再走近看，你会发现镜子的背后正迅速地腐蚀，辉煌的事业又能维持多久呢？

如果孩子要你三星期后去参加他的运动会，你答应了，就把这件事列在那天的表上。我们总是记得很多业务上的事情，却老把孩子的要求忘了；而这些小要求，对孩子而言是很重要的。

现在的小孩都很懂事，如果他们两三个星期前就和你预约了，千万别忘记赴约，若你已经有其他约会，就直截了当告诉他们，你为什么不能去，不要搪塞。

5. 月计划的第五步是中止松散的自我意象

你的成就和你的需要成正比。要成功就得多做，就得凡事排优先次序。很多人有松散的自我意象，不顾条理；他们常受情绪影响而不照搬计划。凡事按难易排列，听起来好像是自我管束，所以他们每天漫无目的地工作，不知道从何开始，不久就发现毫无效率，日子倏然即逝，却一事无成。成功的影子消失无踪。因为你未来的形象，完全取决于你的自我意象。

6. 月计划的第六步是做好这六件事

每天完成六件事，会有惊人的发现。放下这本书，写下明天最优先做的六件事。如此实行三周，若你真的想成功，你的生活将不复以往。

7. 月计划的第七步是只要二十一天

只要求三星期，这三个星期你每晚写下明天最重要的前六件大事。 三星期之后你会发现生活变得有组织，比你过去完成的事增加了三倍！ 二十一天就可以得到证明。

很多人看到此方法后会说：“听来不错！”但回家后就忘得一干二净。 请你现在就拿张纸，马上开始吧！ 如此持续二十一天，会发现你竟变得如此有组织而且有效率。 此刻起，就可以步上成功之路。

周周有计划，做事才有条理

假设现在是星期一的晚上，你要计划未来五天的日程，面前是这五天要做的事情：

(1)你从昨天早晨开始胃痛，想去看医生。

(2)星期六是奶奶的生日——你还没有买礼物和生日卡。

(3)你已经有好几个月没有回家了，也没有打电话。

(4)有一份很不错的夜间兼职，但你必须在星期二或星期三晚上去面试(19 点以前)，估计要花 1 小时。

(5)明晚 8 点有个 1 小时长的电视节目，与你的工作有密切关系。

(6)明晚有一场自己非常喜欢的歌星演唱会。

(7)你在首图借的书明天到期。

(8)在外地工作的一个朋友邀请你周末去玩，你需要整理行李。

(9)你要在星期五交计划书之前把它复印一份。

(10)明天下午 2 点到 4 点有一个会议。

（11）你欠分公司小张500元钱——他明天也将参加那个会议。

（12）你明天早上从9点到11点要听一场讲座。

（13）你的上级留下一张便条，要你尽快与他见面。

（14）你没有干净的内衣，一大堆脏衣服没有洗。

（15）你想好好洗个澡。

（16）你负责的项目小组将在明天下午6点钟开会，预计1小时。

（17）你身上只有5块钱，需要取钱。

（18）大家明天晚上聚餐。

（19）你错过了星期一的例会，要在下星期一之前复印一份会议记录。

（20）这个星期有些材料没有整理完，要在下星期一之前整理好，约需2小时。

（21）你收到一个朋友的信1个月了，没有回信，也没有打电话给他。

（22）星期天早上要作一次简报，预计准备简报要花费15个小时，而且只能用业余时间。

（23）你邀请恋人后天晚上来你家烛光晚餐，但家里什么吃的也没有。

（24）下个星期二，你要参加一次业务考试。

请将这份事件清单中的各种事件划分不同的优先级，按优先级把它们重新排序，然后根据这些事件，制订一个周末的时间安排表。

在这些项目中，有些是互相冲突的，有些则富有弹性。

如何制订一份合理实用的计划表呢？

在制订时间表以前，请按照下面的要求去做：

(1)把要做的事情全部看一遍。

(2)确定每件事情的重要等级。

(3)根据重要程度把事情重新排序。

编好时间表以后，请把你的回答写在下面：

（1）哪些事情被放弃不做？ 为什么？

（2）哪件事情有最高的优先级？ 为什么？

（3）你会高兴地执行这个计划吗？ 为什么？

如果你根据上面的方法安排你一周的时间的话，你会觉得自己的时间好像变多了，这就是制订计划的好处所在。

每天有规划，时刻知道自己要做什么

如何一早就积极奋发地开始？下面十个方法可以借鉴一下：

1．听活泼的音乐

振奋思维对你一早的心情有不可思议的影响。放录音带，不要收听广播，免得听到坏消息。

2．选择有鼓舞性的录音带

选择可以引发善良动机的音乐听。这种好带子到处都有。

3．前晚做好计划

前一天晚上做好第二天的计划。不管第二天一早在车上或在家，前一晚就把音乐录好放在床头柜上，一早起身就放出来听。

4. 给自己打气

在长途飞行之后，你有时会一觉睡到研讨会要举行的时候才醒，这显示你对于此行已经不再感到兴奋，也没有太在意。这时候先聆听选好的音乐带，然后告诉自己："今天是最美的一天，集天时、地利、人和于一身。你得好好干，别人可没有责任理会你的倦怠。"

5. 一直向正面思考前进

不管是在个人生活或是工作中，你都要做到思想与行动一致。积极热切和否定主义势不两立，你只会被其中一种统治。

碰到客户，你要忘掉麻烦，好好关照客户。他们可是你所选择的衣食父母。牢记：你的积极主动，才是说服客人的诱因。

6. 准备一些好书

在你的床头柜上，别忘了准备几本杂志小品，养成睡前阅读的习惯。

7. 不要灭自己威风

周围有很多人都在伺机消灭你的威风，所以你不必自己动手。当你宁愿败在自己手里，你就会长他人志气而养成这种坏习惯。很快地，你会以别人想不到的方式来打击自己。自嘲和打击自信可是天差地别。你必须相信自己是世上最伟大的人物。深刻体会一下这句话。第一要先爱自己。自杀的人就是因为不再爱惜自己。 好好爱自己吧！ 你就是最优秀的人才。

8. 尊重家人

我们常会无意识地看轻自己的家人，因为我们希望能控制他们。 这种想法就像在敲你家的墙角、挖你家的地基一样。 如果你家正有此危机，快改变自己。

9. 积极地赞美，吝啬地责备

大多数对别人苛责的人，只是想借此提高自己，但多半只得到片刻的满足。 这是个昂贵而短暂的虚荣。 被人看轻的人，往往会伺机予以报复。

10. 运动

一周运动三次，常保健康。 即使是从事体力工作，也需要均衡的运动。 因为工作上的劳动，只是一部分肌肉的重复动作。 全身运动——像游泳、慢跑、打球、散步等，更有益健康。

灵活一点，让计划“动”起来

火车、飞机、公共汽车、轮船等都是依照时间表而运行的，但依然会有变化，同样的情形也可能发生在你身上，所以，给计划留点“灵活性”是明智的做法。

聪明人有三个预防此类事件发生的方法：

第一，每件计划都留有多余的预备时间。第二，努力使自己在不留余地又饱受干扰的情况下完成计划。这并非不可能，事实上，那些动作快的人通常比慢吞吞的人做事精确些。第三，另准备一套应变计划。

一旦在脑海里形成了什么计划的话，这个计划一定是灵活的、可变通的，以便应付实际情况中所遇到的意想不到的变化。一个真正行之有效的计划需要坚强的毅力与耐心才能完成。然而，很多人在形成自己的计划之前往往考虑不周的地方太多，以至于有意外发生时，他们的行事方案往往受到影响，造成延误，给他们造成巨大的心理压力。他们常常因此而苦恼不已。

事先将计划做得有一定变通性对于很多人来说都是帮助极大的。如果你在预想中允许存在这种变通性，则一旦有什么事突然发生了，你可以平静地对自己说这是预料中的事。

还有，当你习惯于将计划做得很灵活时，你会发现生活中又有了许多美妙的事情：处理事务时你会觉得很轻松，用不着再多花气力。自然，你也用不着为浪费更多的时间和精力而苦闷不堪。当然，灵活性不应成为你拖拉懒散的借口，如果没有什么大的干扰，你就必须时刻告诫自己："我一定要在计划规定的时间内完成任务！"为此，你得对自己负责，不可放松自我。这样，你身边的人们也会认为你很好相处：一旦你的计划有所变动了，他们也用不着小心翼翼地应付你。

正所谓人是活的，社会是变的，突发的事情是不可避免的。不管你的日程安排得多完美，不可阻挡的突发事件不可避免地会发生，这个时候要不要打乱整个计划，要不要临时处理，就要看发生的事情是否重要了。

有的人因为工作安排被打乱，常常心里浮躁。其实没有必要，这是按照工作需要而做出的正常的计划调整。

在处理突发事务时，应考虑这几点因素：

(1)不处理或推迟处理可能有什么损失？

(2)个人参加与否是否关系大局？

(3)其他人是否同样可以解决这个问题？

每件事情都可以拿这几个标准来评价，当你不处理或推迟处理它的代价大于马上处理的话，你就要调整计划，处理突发事务了；当你遇到的事情并不是很重要，你不用参加也不会有多大的影响时，最好还是不要去修改原计划；当别人可以帮你解决这个问题的时候，那你可以不用亲自去做了。

很多时候，计划都会产生变化，人不要太死板，不要陷入教条主义。各种计划都是为了让你更好地完成杂乱的事情，如果只是死板地执行，那么也许会产生很多的问题。要懂得活用，把最重要的事情优先完成。

PART 4

自律专注，人生要经得起诱惑

拒绝诱惑的过程就是守候成功的过程

晋朝有个名士叫夏统，会稽人，是位超凡脱俗的隐士。他多才善辩，很有名气。当时，许多人劝他出来做官，都被他拒绝了。

一次，他到了京城洛阳，太尉贾充听说了，便想利用他的才学和名望来扩充自己的势力，于是就劝他到自己身边来任职，被他婉言谢绝。贾充不甘心，他调来整齐的军队，装饰上华丽的车马，吹着响亮的号角，从夏统面前走过。贾充对夏统说："如果你同意到我身边来做官，就可以指挥这些军队，乘坐这样华美的车子，那该有多威风啊！"夏统对眼前豪华显赫的场面就像没有看见似的，根本不动心。

贾充仍不死心，又招来一些美女，在夏统面前轻歌曼舞。贾充心想，这下你总该动心了吧？不料，夏统漠然如初，毫不动摇。贾充见全然打动不了夏统的心，不解地说："天下竟有这样的人！真像木头做的人、石头做的心啊！”

诱惑，是一个会让人心动的词语。每个人的心中都曾经希望自己的人生可以轰轰烈烈，殊不知，这轰轰烈烈中便包含了无数次诱惑的考验。诱惑是从来都有的，差别在于面对诱惑，每个人所做出的不同反应。有的人享受诱惑，让自己沉醉于诱惑之中，一步步地沦陷；有的人洁身自好，他们不同流合污，始终保持自己的纯洁，如莲花般“出淤泥而不染”。

孟子在很早以前便已经帮我们定下了面对诱惑时的行为准则：富贵不能淫，贫贱不能移，威武不能屈。李敖说，这还不够，还应该再加上一句，“时髦不能动”。有些人就是经不住时髦的诱惑，总想要去“尝尝鲜”“开开眼”，以至于嘴巴变馋了，眼睛变色了。

我们身处的社会虽然不是物欲横流，但也有太多的诱惑，要想保持自己高贵的人格，便需要以一颗禅定的心去抵御诱惑。只有这样，才能不被别人牵着鼻子走，才能走出自己想要的人生。

心理学家们曾经做过这样一个实验，让一群儿童分别独自走进一间屋子，在屋子最显眼的位置放了一块糖。心理学家对每一个将要走进去的孩子说：“如果你能坚持到我来叫你出去的时候，还没有把这块糖吃掉，我将再奖励你一块糖。如果你等不到我来就把糖吃掉，那么你只能得到这一块。”实验开始，所有的儿童依次进入大厅。结果发现，有些儿童不能控制自己，受不了糖的诱惑，因为大人不在，就把糖吃掉了。还有一些儿童牢记心理学家的话，尽量控制自己，为了不受糖的诱惑，转移注意力，一直等到老师来，结果得到两块糖。

后来，心理学家将得到两块糖的儿童和得到一块糖的儿童分为两组，对他们进行了长期的跟踪调查。调查结果发现，在他们以后的人生道路上，得到两块糖的孩子社会适应能力较佳，人际关系较好，在面对挫折和困难时，从不轻言放弃，他们要比得到一块糖的孩子成功。

其实，人的欲望自出生后就没有停止过。小的时候，渴望得到的是一块糖、一本画册、一个玩具……随着我们一天天长大，欲望也越来越多，要车子，要房子，要财富，要身份地位……然而，欲望是无底深渊。我们的一生也是与欲望进行搏斗的一生。

每一个正常人，都会有想要得到某些事物的欲望。有欲望并不是错，只是在你的自制力与贪欲博弈的过程中，你需要知道如何正确地将这个欲望变成现实。

其实，欲望也是督促人不断前进的动力。所有的欲望，只有建立在合乎规则的基础上，以正当的手段获得，才能够一个一个地实现。就像实验中没有偷吃糖的孩子，他难道不想吃吗？不是！他其实也想吃，只是他明白规则的重要性，因为大人说了这块糖现在不能吃。同时，他也知道目标的长远性，他知道只有忍住了这一时，才有可能得到更多的糖。

罗伊·史密斯说过："自制力宛若受到控制的火焰，正是它造就了天才。"14世纪，有个名叫罗纳德三世的贵族，是祖传封地的正统公爵，他弟弟反对他，把他推翻了。弟弟要摆脱这位公爵，但又不想杀死他，便想了个办法。罗纳德三世被关进牢房后，弟弟命人把牢房的门改得比以前窄一些。罗纳德三世身高体胖，胖得出不了牢门。弟弟许诺，只要罗纳德能减肥并自己走出牢门，就不仅能获得自由，连爵位也能恢复。可惜罗纳德不是那种有自制力的人，他无法抵挡弟弟每天派人送来的美食的诱惑，结果不但没有减肥，反而更胖了。

当面对诱惑时，自制就像一个腰带，勒紧一下，提醒自己，增加自己坚持下去的力量。倘若你想征服全世界，你就得先征服你自己，因为征服自己的过程就是拒绝诱惑向成功迈进的过程。

生命驱车向前，每走一步都会遇到各种诱惑。但是在这些诱惑面前，我们要不动声色，不被诱惑迷了眼睛，以免堕落成诱惑的奴隶。

不瞻前顾后，成功要有所专注

在困境之中的人想要改变现状，更需要专注精神。如果总是瞻前顾后，那你将会停滞不前。

成就一番事业，实现人生价值，是一切有志者的追求。然而，通向成功的道路往往并不平坦，影响成功的因素复杂多样。现实生活中常常会看到这样的情形：有的人对学业、工作、事业专心致志，不懈努力，不受外界诱惑的干扰，扎扎实实地向着既定目标迈进，最终获得了成功；而有的人却耐不住寂寞，经不起诱惑，好高骛远、见异思迁，对学业、工作、事业缺乏一种执着精神，结果是一事无成。无数事实说明，专注是走向成功的一个重要因素。

有些成功，不需要太强的实力，需要的往往是专注；有些失败，并非缺乏良好的时机，缺乏的往往是坚持。有一则寓言故事，也许更能说明这个道理。

从前，有一对仙人夫妻，喜欢下围棋，他们常常到山上下棋。一只猴子，经年累月地躲在树上，看这对仙人下棋，终于练就了高超的棋艺。

不久，这只猴子下山来，到处找人挑战，结果，没有人是它的对手。最后，只要是下棋的人，一看对手是这只猴子，就甘拜下风，不战而逃。

国王终于看不下去了，全国这么多围棋高手竟然连一只猴子也敌不过，实在是太丢脸了。于是国王下诏，一定要找到人来战胜这只猴子。

其实，猴子的棋艺卓绝，举国上下，根本没有人是它的对手。那该怎么办呢？

这时，有一个大臣自告奋勇地说要与猴子下一盘。国王问：“你有把握吗？”他说绝对有把握。但是，在比赛的场地桌上一定要放一盘水蜜桃。

比赛开始了，猴子与大臣面对面坐着，在比赛的桌子旁边放着一盘鲜嫩的水蜜桃。整盘棋赛中，猴子的眼睛不时盯着这盘水蜜桃，结果，猴子输了。

所谓“专注”，就是集中精力、全神贯注、专心致志。可以说，人们熟悉这个词就像熟悉自己的名字一样。然而，熟悉并不等于理解。从更深刻的含义上讲，专注乃是一种精神、一种境界。“把每一件事做到最好”，就是这种精神和境界的反映。一个专注的人，往往能够把自己的时间、精力和智慧凝聚到所要干的事情上，从而最大限度地发挥积极性、主动性和创造性，努力实现自己的目标。特别是在遇到诱惑、遭受挫折的时候，他们能够不为所动、勇往直前，直到最后成功。与此相反，一个人如果心浮气躁、朝三暮四，就不可能集中自己的时间、精力和智慧，干什么事情都只能是虎头蛇尾、半途而废。缺乏专注的精神，即使立下凌云壮志，也绝不会有所收获，因为“欲多则心散，心散则志衰，志衰则思不达也”。

专注源于强烈的责任感。只有讲责任、负责任，才能凝聚忠诚和热情，激发干劲和斗志。韩愈说：“业精于勤荒于嬉，行成于思毁于随。”古往今来，那些真正能干事、能干成事者，莫不具有敢担大任的胸怀和勇气。强烈的责任感，是专注的原动力。

专注来自淡泊和宁静。一个人在为工作和事业奋斗的过程中，困难和挫折在所难免，孤独和寂寞也在所难免。面对这些情况时，要能做到不受干扰、专注如一，关键是保持淡泊和宁静。经验表明，对一件事情，专注一时者众，而始终专注者寡。其中的一个重要原因就在于，一般人很难长期耐得住寂寞、经得起考验。任何一个成功者的背后，都有着坚持不懈的执着追求和艰苦劳动。诸葛亮说：“淡泊以明志，宁静而致远。”唯有保持淡泊和宁静，才能坚定信念和追求，做到专注和执着。

一个人生活在社会中，面对纷繁复杂的世界，要想成就一番事业，就必须努力克服各种消极因素的影响。一个人如果总是瞻前顾后、左思右想，就永远不可能取得成功。

成败往往取决于最后的坚持

相信大家都听过“自甘堕落”“自暴自弃”“破罐子破摔”诸如此类的话，这些都是在描述一个人有不好的境遇，然后自我放弃，结果把自己推向失败颓废的人生境地。

仔细想想，每一个人，都难免会犯以上的错误，只不过是程度轻重的差别。无怪乎有句话形容“自己才是自己最大的敌人”，因为我们总是不断地放弃一些本该坚持的东西。

有一个女孩子穿着干净的鞋子，踮着脚尖小心翼翼地走在泥泞的路上，为了保持鞋子干净，她走走停停，特意挑比较高和硬的地面。可是一不小心，她还是踩到了烂泥里，干净的鞋子霎时脏了一大片。她懊恼极了，于是便不管不顾，两只鞋随意踩在泥路上，走得非常快。

这种场景是不是也曾经发生在我们身上？既然脏了，那么就让它更脏好了；既然坏了，那么就毁了它……心理学家指出，其实，在我们每一个人的内心深处，多少都隐藏了一些“自毁”的倾向，这种内在情绪的冲动常常会驱使一个人做出不利于自己发展的事情。 譬如：有人整天絮絮叨叨，看什么事都不顺眼，动不动就抱怨这个、抱怨那个，好像所有的人都做了对不起他的事；还有的人，生活漫无目标，整日无所事事，只会嫉妒别人的成就，自怨自艾，认为任何好运气都不会落在自己的头上。 此外，还有的人嗜酒如命、好赌成性、饮食不知节制、消费成癖、纵情声色等，这些都是自毁行为。

其实每个人都有失意的时候，比如经济窘迫、错失爱情、事业不顺等，面对这种情况，人们往往有两种选择：悲观的人整天长吁短叹，认为自己无可救药，就此颓废不振，结果人生变得更加暗淡和闭塞；乐观的人一笑置之，从头开始，坚持不懈，生活越来越精彩。 事实上，人生成败完全取决于自己的内心。

在一次讨论会上，一位著名的演说家没讲一句开场白，手里却高举着一张 20 美元的钞票。面对会议室里的 200 个人，他问：“谁要这 20 美元？”一只只手举了起来，他接着说，“我打算把这 20 美元送给你们中的一位，但在这之前，请准许我做一件事。”他说着将钞票揉成一团，然后问，“谁还要？”仍有人举起手来。

他又说：“那么，假如我这样做又会怎么样呢？”他把钞票扔到地上，又踏上一只脚，并且用脚碾它。然后他拾起钞票，钞票已变得又脏又皱。“现在谁还要?”还是有人举起手来。

“朋友们，你们已经上了一堂很有意义的课。无论我如何对待那张钞票，还是有人想要它，因为它并没贬值，它依旧值20美元。人生路上，我们会无数次被自己的决定或碰到的逆境击倒、欺凌甚至碾得粉身碎骨。我们觉得自己似乎一文不值。但无论发生什么，或将要发生什么，在上帝的眼中，你们永远不会丧失价值。在他看来，肮脏或洁净、衣着齐整或不齐整，你们依然是无价之宝。生命的价值不依赖我们的所作所为，也不仰仗我们结交的人物，而是取决于我们本身，也就是说，完全属于你的内心所想！你们是独特的——永远不要忘记这一点！”

生命的价值取决于我们自身，不要因为自己的普通、贫穷或暂时的失意而自怨自艾，无端地贬低、自毁自己。只要你承认自己、肯定自己，给自己足够的自信和勇气，总能发现自己的价值。事实证明，在贫贱与困境中保持着内心昂扬和人格完整的人，能赢得人们的尊重和敬佩，“一个人最重要的是自己的内心”。

“生命的脚本可由演出者的主观意志加以改变”，杜柏林认为，每个人天生的性格固然会影响他的行为模式，但即使你的输家“脚本”是与生俱来的，你也可以决定不再依赖这种“脚本”过日子。关键在于，你是否愿意正视你的缺陷，改变你的自毁行为，不再自暴自弃。想要收获一个灿烂的人生，就要给自己和内心找出和解的方法。

有时候，就是要放弃一些本该坚持的东西，没有改变和舍弃，就永远不知道新的模式是不是更好。所以，勇敢尝试新的生活也是开始新生活的一个途径。

拒绝陷阱，贪是失败最大的祸根

“人的生一当中，会遇到很多陷阱，而这些陷阱之中，最为可怕的一种是自掘的陷阱——贪婪。”因为贪心，人们会不顾一切去满足欲望。这时，即使危险摆在面前，也无法去理会、去避让。贪心遮住了你的眼睛，使你无法看到危险所在。

在阿尔及利亚有一种猴子，它们非常喜欢偷吃农民的玉米。尤其是晚上的时候，农民们没有时间照看，玉米常常会被洗劫一空。起初农民们拿它们没办法，后来他们发现猴子都有贪得无厌的习性，于是他们根据这种习性发明了一种捕捉猴子的巧妙方法。

农民们把一只只葫芦形的细颈瓶子固定好，然后把它们拴在一棵大树下，再在瓶子中放入猴子们最爱吃的玉米，然后就等着猴子们上钩了。

到了晚上，猴子们来到树下，见到瓶中的玉米十分高兴，就把爪子伸进瓶子去抓玉米。这瓶子的妙处就在于猴子的爪子刚刚能够伸进去，等它抓到一把玉米时，爪子却怎么也拿不出来了。而这些猴子十分贪婪，绝不可能放下已到手的玉米，就这样，它们的爪子也就一直抽不出来，于是只能死死地守在瓶子旁边了。

到了第二天早晨，农民们抓住它们的时候，它们依然抓着玉米不放，直到它们把玉米送入嘴中。

事实上，我们所拥有的并不是太少，而是欲望太多。欲望使我们感到不满足、不快乐；欲望解除了我们思想的武装，使我们最终任人摆布。

人心中贪念太多，而不能一一得到满足，就会产生烦恼，就会觉得苦。人为了摆脱这种感觉就会竭尽全力地再次索取，像是困在海上的水手，船仍在海上，彼岸遥遥而淡水枯竭，无边浩瀚的海洋就像是诱惑无数的花花世界，第一口海水本意为了解渴，哪知命运却也就此断送在了这一口海水中。

贪欲是一双贪婪的手，总是紧紧攥着做出攫取的姿势。欲望是无穷的，贪婪像是一把利刃，不能丢下就不能踏上苦海之岸，心中揣着太多的贪念，行走尚且蹒跚，又怎么回头？不回头，哪里是苦海的岸呢？要想上岸，必须破除贪念。

保持斗志，安逸的生活如同慢性毒药

选择安逸的生活即选择“生命之轻”这种生活方式。安逸的生活虽然看起来很美妙但实际如同地狱。安逸的生活如同慢性毒药，长期的安逸会磨灭人的理想，摧毁人的斗志，最终毁掉人的一生。

有一个人死后，在去阎罗殿的路上，遇见一座金碧辉煌的宫殿。宫殿的主人请求他留下来居住。这个人说：“我在人世间辛辛苦苦地忙碌了一辈子，我现在只想吃、只想睡，我讨厌工作。”

宫殿的主人答道：“若是这样，那么世界上再也没有比我这里更适合你居住的了。我这里有山珍海味，你想吃什么就吃什么，不会有人来阻止你；我这里有舒服的床铺，你想睡多久就睡多久，不会有人来打扰你，而且，我保证没有任何事情需要你做。”

于是，这个人就住了下来。

开始一段日子，这个人吃了睡，睡了吃，感到非常快乐。渐渐地，他觉得有点寂寞和空虚，于是他就去见宫殿主人，抱怨道："这种每天吃吃睡睡的日子过久了也没有意思。我现在是脑满肠肥了，对这种生活已经提不起一点儿兴趣了。你能否为我找一份工作？"

宫殿的主人答道："对不起，我们这里从来就不曾有过工作。"

又过了几个月，这个人实在忍不住了，又去见宫殿的主人："这种日子我实在受不了。如果你不给我工作，我宁愿去下地狱，也不愿再在这里住下去了。"

宫殿的主人轻蔑地笑了："你以为这里是天堂吗？这里本来就是地狱啊！"

安逸的生活原来也是一种地狱。它虽然没有刀山可上，没有火海可蹈，没有油锅可赴，可它能渐渐地毁灭你的理想，腐蚀你的心灵，甚至可以让你变成一具行尸走肉。每个人都向往安逸的生活，经历艰难困苦后短暂的安逸生活可以使我们得到休息和宁静。但是长期的安逸就会使我们的心灵沉睡，潜能隐遁。不愿离开舒适安逸的生活，即便是鹰也不会再展翅飞翔了。

有一个老人在山里打柴时，拾到一只很小的样子怪怪的鸟，那只怪鸟和出生刚满月的小鸡一样大小，也许因为它实在太小了，又不会飞，老人就把这只怪鸟带回家给小孙子玩耍。老人的孙子很调皮，他将怪鸟放在小鸡群里，充当母鸡的孩子，让母鸡养育。母鸡没有发现这个异类，全权负起一个母亲的责任。怪鸟一天天长大了，后来人们发现那只怪鸟竟是一只鹰，人们担心这只鹰再长大一些会吃鸡。为了保护鸡，人们一致强烈要求：要么杀了那只鹰，要么将它放生，让它永远也别回来。因为和这只鹰相处的时间长了，有了感情，这一家人自然舍不得杀它，他们决定将它放生，让它回归大自然。然而，他们用了许多办法都无法让其重返大自然，他们把它带到很远的地方放生，还没过几天，那只鹰又回来了，他们驱赶它不让它进家门……许多办法试过了都不奏效。最后他们终于明白：原来鹰是眷恋它从小长大的家园，舍不得那个温暖舒适的窝。

后来村里的一位老人说：把鹰交给我吧，我会让它重返蓝天，永远不再回来。老人将鹰带到附近一个最陡峭的悬崖绝壁旁，然后将鹰狠狠向悬崖下的深涧扔去。那只鹰开始也如石头般向下坠去，然而快要到涧底时，它终于展开双翅托住了身体，开始缓缓滑翔，然后轻轻拍了拍翅膀，飞向了蔚蓝的天空，它越飞越自由舒展，越飞动作越漂亮。它越飞越高，越飞越远，渐渐变成了一个小黑点，飞出了人们的视野，永远地飞走了，再也没有回来。

不具有大智慧的人，是看不出安逸给我们带来的副作用的。

季羡林在《季羡林谈人生》一书中，有一篇名为

《老年十戒》的文章，季老在文中给老年朋友提了十条建议，其实这些建议不仅对于老年人适用，对任何一个阶段的人们都合适——因为那是人类的通病。在“十戒”中有一条是“无所事事”。季老认为人一旦到了老年，难免因为时间的充裕而又无事可做，常常觉得寂寞、无聊。我们都知道季老的一生很勤奋，他 90 多岁时依然笔耕不辍，只要身体允许，每天还是坚持看书、写作，经常在北京的黎明前，即每天清晨 4 点多，他就会坐在他的书桌前，季老戏称他观看了北京几十年的清晨。

沉湎于安逸，是人性中惰性的反映。人们喜欢舒适安逸的生活，一旦适应了它，便不愿再离开、再改变。要想追求充实向上的人生，体会生命的价值，我们就应当警惕安逸的生活，不要被安逸所累。

PART 5

抗住压力，沉住气才能成大器

沉住气，坦然面对自己的失意

没人希望自己被逼得走投无路，也没有人喜欢在失意的时候遭到落井下石的对待。三十年河东，三十年河西，今天的失意人也许就是明年的得意者。所以年轻人一定要知道这个道理，永远给别人留条后路。失意得意都只是一时的，与人为善才是为人的长久之道。

有一个学习计算机的年轻人大学毕业后四处求职，暑假过去了，他依然没有找到理想的工作，眼看身上的钱就要用完了。但他并没有灰心丧气，他知道是金子早晚会发光的。

终于有一天，报纸上登出一则招聘启事，一家新成立的电脑公司需要招聘各种电脑技术人员 20 名，但需要经过考试。年轻人感觉到机会来了，他在报名后就潜心复习，后来终于在 200 多名报名者中脱颖而出。

在走上工作岗位后，年轻人才真正认识到自己欠缺得太多。公司每晚要留值班人员，家住本市的同事都不愿意值班，他就索性搬到单位住，包揽了所有值班任务。每晚9点关门后，他就在办公室拼命钻研电脑知识，比读大学的时候还勤奋，工作两个月后，他就已经成为公司的技术骨干了。

这时，年轻人的生活依然是艰难的，试用期3个月每月只有400元工资，勉强够吃饭。可是这份工作来之不易，他懂得知足常乐的道理。他努力工作，表现得相当优秀。两年后，他考取了国际和国内网络工程师资格证书，成为一名网络工程师，得到公司领导的器重和同事们的好评。

几年过去，随着公司的发展壮大，不到30岁的他就凭借出色的业绩在这家公司拥有了很高的职位，并拥有一定股份，前景看好。

当人们问起他的成功经验时，年轻人谦虚地说："其实也没什么，就是我懂得如何在失意的时候坦然面对。我知道没有一个人能够一次性成功，只要我能坚持住，成功总会来的。于是我每天都用几分钟时间，为自己能有幸拥有眼前的这份工作而感恩，为自己能进这样一家公司而感恩。这样，我便有了学习的动力，再苦再累也难不倒我了。

"我和一位同事虽然同样都是本科毕业，但我们的待遇并不相同，他职高一级，薪金高出很多。庆幸的是，我没有因为待遇不如人就心生不满，就自怨自艾，而是仍认真做事。

“当许多人抱着多做多错、少做少错、不做不错的心态时，我尽心尽力做好我手中的每一项工作。我甚至会积极主动地找事做，了解主管有什么需要协助的地方，事先帮主管做好准备。因为我在上班报到的前夕，父亲就告诫我三句话：‘遇到一位好老板，要忠心为他工作；假设第一份工作就有很好的薪水，那你的运气很好，要感恩惜福；万一薪水不理想，就要懂得跟在老板身边学功夫。失意是常有的事儿，坚持住，总有得意的时候。

“我将这三句话深深地记在心里，自己始终秉持这个原则做事。即使起初位居他人之下，我也没有害怕和计较。只要我努力学习，不断进步，终究有一天我会取得和别人一样的业绩。”

月有阴晴圆缺，人生也是如此。情场失意、朋友失和、亲人反目、工作不得志……类似的事情总会不经意纠缠你，令你的情绪跌至低谷。其实，生活中的低谷就像是行走在马路上遇到红灯一样，你不妨以一种平和的心态坦然面对，不妨把心放宽，没什么大不了，放松下来，为绿灯时更好地行走打下基础。

不要幻想生活总是那么圆圆满满，也不要幻想在生活的四季中享受所有的春天，每个人的一生都注定要品尝苦涩与无奈，经历挫折与失意。

在漫漫旅途中，失意并不可怕，受挫也无须忧伤。只要心中的信念没有萎缩，只要自己的季节没有严冬，即使风凄厉冷，即使大雪纷飞。艰难险阻是人生对你另一种形式的馈赠，坑坑洼洼也是对你意志的磨砺和考验。落英在晚秋凋零，来年又灿烂一片；黄叶在秋风中飘落，春天又焕发出勃勃生机。失意在所难免，权且把心放宽。这何尝不是一种达观、一种洒脱，一份人生的成熟、一份人情的练达？

这种洒脱人生，不是玩世不恭，更不是自暴自弃，洒脱是一种思想上的轻装，洒脱是一种目光的朝前，洒脱是宽心的智慧。有洒脱才不会终日郁郁寡欢，才不觉得人生活得太累。

懂得了这一点，我们才不至于对生活求全责备，才不会在受挫之后彷徨失意；懂得了这一点，我们才能挺起脊梁，披着温柔的阳光，找到充满希望的起点。

人生的低谷是一面镜子

山有峰巅，也有低谷；水有平缓，也有漩涡。人生之路也是一样，扑朔迷离，充满坎坷……静坐灯下，常常暗自思忖，生活就像浩渺的大海，有落潮的无奈，也有涨潮的欣慰；生活也像一碗百味汤，酸甜苦辣溶于其中，个中滋味，品后才知分晓。人生不如意事十之八九，有悲有喜，有起有落，既有成功后的喜悦，也有失败后的痛苦。岁月会编织五彩斑斓的梦，给人积极向上的启迪，也会编织无情的网，使人走不出人生的沼泽地。面对短暂的人生，我们要学会面对磨难，不要错过人生的失意时刻，也许当生命之神把你抛入谷底时，也是你人生腾飞的最佳时机。调整自己的心情，走出人生的低谷，你就会发现迎接你的是一片湛蓝的天空！

有人说："低谷自有低谷的风景。"低谷是一种美妙的人生品味，它教会了我们希望、忍耐和奋斗。低谷的风景忧郁而美丽，低谷可以使我们变得对生活更执着、更沉着、更热烈，低谷更可以使我们成功后回味无穷。

人生的低谷更像是一面镜子，人生的低谷能够教会我们审视人生，重新认识自己。人往往看不清自己，总是在处于逆境的时候才肯回过头来看看自己到底错在哪里，只有通过实践的验证才知道自己是怎么回事。当我们走了一段弯路，跌得头破血流时，才会在实践的基础上深刻反省自己，为自己今后的道路制定一个比较切合实际的目标。当我们走出低谷时，我们会变得更加成熟、坚强和理性。以前的经历则是以后的经验，只有经历了实实在在的痛，以后的人生道路上我们才能谨言慎行，正确把握自己。置身于人生的低谷有时会让我们大彻大悟，让我们在人生的低谷中学会品味人生。

人生的低谷是锻炼意志的摇篮，而意志的锻炼则需要艰苦的环境。艰苦的环境能锻炼人的意志，人生的低谷能提高人的素养。人生处于低谷时我们不得不承受、包容来自各方面的压力，我们只有默默地承受这一切，然后告诉自己，一切都将重新开始。

“生活是一面镜子，你对它笑，它就对你笑；你对它哭，它也对你哭。”对待生活，我们大多数人都还来不及体味和享受，就已经匆匆地走到了目的地。尤其在刚刚开始的时候，总喜欢把自己的目标定得又高又远，最后，当我们失望地发现，现实远不如我们想象中的那么美好，于是，许多人都会退而求其次。就像一面镜子，照出了五彩的生活，也照出了人性的美丑和真假！

当你身陷人生的低谷，首先是要有一颗向上的心，就像朝阳，而不是夕阳。

从低谷走到平地远比从平地攀上高山容易，只要有坚定的信念，你就可以战胜一切。或许你以为在你面前的，是很难越过的门槛，其实当低谷过去以后，你会发现，这在你人生路上是多么不显眼的一件事情，根本不用害怕，所以，你应该重新扬起自信的风帆，鼓起劲儿摇桨，向成功的彼岸进发。

上帝关上一扇门的同时，会为你打开一扇窗，仔细寻找任何可以帮助你走出困境的工具，不放弃任何成功的希望。车到山前必有路，记住，你可以走进来，就一定可以走出去。

一个人能在他人生最低谷的时候清醒地认识自己，理性地善待自己，那成功就在来的路上了。

适当放松，太累时要学会“角色卸载”

自然并没有如此混合你的理智与身体结构，以致不容许你有确定自身的力量和使你自己的一切服从你支配的力量，因为成为一个神圣的人却不被人如此承认是很有可能的。要把这句话时刻牢记在心：过一种幸福生活所需要的东西确实是很少的。

从前，有一个人觉得生活很沉重，便去见智者，寻求解脱之法。

智者给他一个篓子让他背在肩上，然后指着一条沙砾路说：“你每走一步就捡一块石头放进去，看看有什么感觉。”

过了一会儿，那人走完了沙砾路，智者问他有什么感觉。那人说：“觉得越来越沉重。”智者说：“这和你为什么感觉生活越来越沉重是同样的道理。当我们来到这个世界上时，每个人都背着一个空篓子，然而我们每走一步都要从这世界上捡一样东西放进去，所以才有了越来越累的感觉。”

生命之舟需要轻载。人生不能背负着过多的东西行走，那样只会身心疲倦，不妨学会“卸载”：将自己的烦恼和包袱一一放下，给自己清零，重新上路。

年轻的时候，玛丽比较贪心，什么都要追求最好的，拼了命想抓住每一个机会。有一段时间，她手上同时拥有13个广播节目，每天忙得晕头转向，她形容自己：“简直累得跟狗一样！”

事情都是双方面的，所谓有一利必有一弊，事业愈做愈大，压力也愈来愈大。到了后来，玛丽发觉拥有更多、更大不是乐趣，反而是一种沉重的负担，她的内心始终有一种强烈的不安全感笼罩着。

1995年，“灾难”发生了：她独资经营的传播公司被恶性倒账四五千万美元，交往了七年的男友和她分手……一连串的打击直奔她而来。在极度沮丧的时候，她甚至考虑结束自己的生命。

面临崩溃之际，她向一位朋友求助：“如果我把公司关掉，我不知道我还能做什么。”朋友沉吟片刻后回答：“你什么都能做，别忘了，当初我们都是从‘零’开始的！”

这句话让她恍然大悟，也让她勇气再生：“是啊！我们本来就一无所有，既然如此，又有什么好怕的呢？”这样的转念令她顿时释然，短短半个月之内，她连续接到两笔很大的业务，濒临倒闭的公司起死回生，又重新运转起来。

经历这些挫折后，玛丽体悟到人生“无常”的一面：费尽了力气去强求，虽然勉强得到，最后留也留不住；反而是一旦放空了，随之而来的是更大的能量。

她学会了“生活的减法”。为了简化生活，她谢绝应酬，搬离了150平方米的房子，索性以公司为家，在一个10平方米不到的空间里，淘汰不必要的家当，只留下一张床、一张小茶几，还有两只做伴的狗儿。

玛丽忽然发现，原来一个人需要的其实那么有限，许多附加的东西只是徒增无谓的负担而已。朋友不解地问她：“你为什么都不爱自己？”她回答：“我现在是从内在爱自己。”

一个人在觉得不堪重负的时候，应当学会做“减法”，减去一些自己不需要的东西。有时候简单一点，人生反而会过得更踏实。

那么如何才能活得简单呢？现有如下方法：

1.用好生活的减法

两千多年前，苏格拉底站在熙熙攘攘的雅典集市上叹道：“这儿有多少东西是我不需要的？”是的，在生活中，我们要学会为人生做减法。简化生活，清楚什么才是自己真正需要的，减去一些不必要的生活内容，这样，你才能让自己过上一种幸福、简单的日子。

2.生活中我们要学会适可而止

懂得适可而止，欲望会带给你快乐；不懂得适可而止，欲望只能成为你的包袱。

3. 该放手时就放手

正如一位智者所说的那样，如果你没有得到你想要的，你就会得到更好的。继续走吧，最终你将收获属于自己的美丽。

在生活中，总有那么多琐事，总有那么多不如意，又何必统统都锁在心里，倒不如学会遗忘，将烦恼放逐，只有这样我们才能开心地生活。只有学会遗忘，方能将失望变成乐趣，将抑郁升华为一种欢悦。

人是群居动物，社会是群体现象，而人与人又如此不同，因此，人们难免在和他人相处时发生一些不愉快的冲突。此时，为了使自己的身心张弛有度，也为了能和周围的人与事融洽相处，学会遗忘是生活中必不可少的。其实，生活中有很多的事情是不需要铭记在心的，比如朋友间的无端猜忌、亲人之间的误解争执、恋人间的情感纠葛、夫妻间的小小口角等，这些小事都没必要记在心上。当过往云烟搅得你心烦意乱、给你带来种种困扰的时候，你就会感觉到遗忘确实是一剂良药。

不能给别人带来快乐幸福的东西，就应遗忘。在人生的旅途中，有太多的成与败、得与失、恩与怨、是与非等，若都牢记心中，任凭那些伤心事、烦恼事纠结于脑际，那就等于给自己套上了沉重的枷锁，背上了不可卸载的包袱，就会活得很苦、很累，生命之帆就会偃旗息鼓，就会在茫茫的大海中迷航、触礁，甚至倾覆。如果我们善于遗忘，把不该记忆的东西统统忘掉，我们就会有无比轻松的美好生活。

遗忘是一种能力，对已经过去的无关紧要的事物，要糊涂一点、健忘一点、朦胧一点。及时将这些东西像清理电脑病毒一样删除出去，不让它们在大脑中占有一席之地，否则就会死机，就得重装程序。一个人学会了遗忘，就是学会了如何健康地生活，就能让自己精力充沛地面对现在，创造生命亮丽的风景线。

有位智者，和一位朋友结伴外出旅行。行进在一个山谷时，智者一不留神跌倒在悬崖边，他的朋友拼尽全力拉住他，不使他葬身谷底。智者得救后执意在石头上镌刻下这件事情。有一天，在海边，两个人为一点儿小事争吵起来，朋友一怒之下，给了智者一个耳光。智者捂着发烧的脸颊，说："哼，我一定记下这件事!"于是他找来一根棍子，在退潮的沙滩上写下了这件事。朋友看后感到疑惑，智者笑了，说："我告诉石头的都是我唯恐忘记了的事，而我告诉沙滩的，都是我唯恐记住的事，我要让沙滩替我忘记，就这样。"

《列子·周穆王》里就记载了一个因记忆而苦、因遗忘而乐的故事：

宋国有个叫华子的人患了遗忘症，"朝取而夕忘，夕与而朝忘；在途则忘行，在室则忘坐；今不识先，后不识今""荡荡然不觉天地之有无"。后经一神医治好了病，使其把平生数十年的存亡得失、哀乐好恶都记忆起来，回到了现实的人生。但他又记得太牢，“忧忧万绪，须臾不忘”，以致怒而黜妻罚子，操戈逐人，弄得鸡犬不宁，还不如患遗忘症时活得开心。

瑞典著名心理学家拉尔森说过这样一句话：“心理存在‘毒素’的人永远不会感觉到生活的美好，而排除‘毒素’的最好方法就是学会遗忘。”

生命中，有些能够遗忘的就遗忘吧，只要能还心灵一份宁静，轻松活着总比带着怨恨活着好。如果你还是看不开、想不开，那就这样安慰自己吧：我们是为关心我们的人而活着的，不是为了伤害我们的人而活着。活着就已经很好了，就让往事都随风而去吧。当然，我们要发自内心去直面自己过去生活中所犯的错误，能承认错误需要勇气，更是一种自知之明，承认错误并不是要我们惭愧，而是为了记住那些前车之鉴，以便更好地处理今后的生活。

关心那些值得我们去爱的人吧，不会遗忘，就不会体会到现在的美好，幸福不会因为你的“无法遗忘”而驻足，勇敢地对自己说：一切其实都没有什么大不了的，如果无法放下，可以选择淡忘！

在现实生活中，我们常会看到这样一种现象：有些人记忆力总是特别好，把一些鸡毛蒜皮、零零碎碎的事都记得一清二楚，对什么事都斤斤计较、耿耿于怀，结果不但精神萎靡，而且一副病秧子的模样；一些人则看得很开，该忘的统统都忘记，精力充沛、朝气蓬勃、身心健康。由此可见，遗忘不仅是一种风度，还是一种健康的生活方式。

可以偶尔发泄，但要控制过激情绪

一天深夜，一个人被一阵电话铃声吵醒了。来电显示是个陌生的号码，但出于礼貌和好奇，他还是拿起了话筒。这时，电话另一端传来一个陌生女人的声音：“我恨透了我的丈夫。”

“你打错电话了。”他告诉她。

她好像没有听见，滔滔不绝地说下去：“我一天到晚照顾小孩儿，他还以为我在享福。有时候我想独自出去散散心，他都不肯；自己却天天晚上出去，说是有应酬，谁会相信！”

“对不起，”他不得已打断她的话，“我不认识你。”

“你当然不认识我。”她说，“我也不认识你，现在我说了出来，舒服多了，谢谢你。”她挂断了电话。

生活中，大概谁都会产生这样或那样的不良情绪，每一个人都难免受到各种不良情绪的刺激和伤害。但是，善于控制和调节情绪的人，能够在不良情绪产生时及时消释它、克服它，从而最大限度地减轻不良情绪带来的影响。

不良情绪产生了该怎么办呢？ 一些人认为，最好的办法就是克制自己的感情，不让不良情绪流露出来，做到“喜怒不形于色”。

情绪的丰富性是人的特性。 生活如果缺少丰富而生动的情绪，人将会变得呆板而没有生气。 如果大家都“喜怒不形于色”，没有好恶，没有喜怒哀乐，那么，人就会变成只会说话和动作的机器人了。

人之所以不同于机器，有血有肉、富有感情是一个重要方面。 富有感情，人与人之间才能展开交流，才有心灵的沟通。 因此，强行压抑自己的情绪，硬要做到“喜怒不形于色”，把自己弄得表情呆板、情绪漠然，不是感情的成熟，而是情绪的退化，是一种病态的表现。

那些表面上看起来似乎能控制住自己情绪的人，实际上是将情绪转到了内心。 任何不良情绪一经产生，就一定要寻找发泄的渠道。 当它受到外部压制，不能自由地宣泄时，就会在体内发泄，危害自己的心理和精神，造成的危害会更大。因此，如果有了不良情绪，偶尔发泄一下也未尝不可。

长期压抑自己的情绪不利于人的身心健康。 适当的发泄可以缓解心中的压力，使情绪更快地趋于稳定。 但一定要注意发泄的方式，不能为了释放自己的情绪而伤害到别人。

情绪可能是决定一个人一生成败的关键因素之一，但很多人并没有把控制情绪当成一件重要的事，总觉得情绪化是一种“率直”的性格，是一种很可爱的人格特征。 这么说也不是没有道理，因为喜怒哀乐都表现在脸上的人，别人容易了解，也不会对他持有戒心，而且，有情绪就发泄，而不积压在心里，这也有利于心理健康，但是，这种“率直”却不适合在现实社会中行走。如果让“率直”的性格跟随自己一辈子，学不会控制情绪的话，最终只会一败涂地。

芬妮是一个脾气暴躁、容易出现情绪波动的女孩儿，经常因为小事和别人吵架，她的人际关系因此愈来愈紧张。她在公司经常与人发生矛盾，结果男友也难以忍受她的坏脾气，和她分手了。终于有一天，她觉得自己已经处于崩溃边缘。

她打电话向她的一个朋友詹森求救。詹森向她保证：“芬妮，我知道现在对你来说是有点糟，可是只要经过适当的指引，一切就会好转。你现在要做的第一件事是让自己安静下来，好好地享受一下宁静的生活。”

听了詹森的话，芬妮开始试着放弃先前忙碌的生活，好好地放松一下自己，给自己休了一个长假。当她已经稳定了一段时间之后，詹森又建议道：“在你发脾气之前，不妨想想，究竟是哪一点触动了你。

“你可以拥有两种思考，一种是让每件事情都在脑海里剧烈地翻搅，另一种则是顺其自然，让思想自己去决定。”说着，詹森拿出了两个透明的刻度瓶，然后分别装了一半刻度的清水，随后又拿出了两个塑料袋。芬妮打开来，发现里面分别是白色和蓝色的玻璃球。詹森说：“当你生气的时候，就把一颗蓝色的玻璃球放到左边的刻度瓶里；当你克制住自己的时候，就把一颗白色的玻璃球放到右边的刻度瓶里。最关键的是，现在，你该学会控制自己的情绪，如果你不试着控制自己的情绪，你会继续把你的生活搞得一团糟。”

此后的一段时间内，芬妮一直照着詹森的建议去做。后来，在詹森的一次造访中，两个人把两个瓶中的玻璃球都捞了出来。他们同时发现，那个放蓝色玻璃球的水变成了蓝色。原来，这些蓝色玻璃球是詹森把水性蓝色涂料染到白色玻璃球上做成的，这些玻璃球放到水中后，蓝色染料溶解到水中，水就呈现了蓝色。詹森借机对芬妮说：“你看，原来的清水投入‘坏脾气’后，也被污染了。你的言语举止，是会感染别人的，就像玻璃球一样。当心情不好的时候，要控制自己。否则，坏脾气一旦投射到别人身上的时候，就会对别人造成伤害，再也不能恢复到以前。所以一定要控制好自己的情绪。”

芬妮后来发现，当按照詹森的建议去做时，她真的不会那么混沌了，事情也容易理出头绪。在此之前，她的心里早已容不下任何不满、愤怒的情绪，一定要全部发泄出来，许多麻烦就是这样造成的。

此后，芬妮开始有意地控制情绪，当詹森再次造访的时候，两个人又惊喜地发现，那个放白色玻璃球的刻度瓶竟然溢出水来了！

看来芬妮对自己的克制成效不小。慢慢地，芬妮已学会把自己当成一个思想的旁观者，来看清自己的意念。一旦有了不好的想法就很快发现，情绪失控的时候就及时制止。这样持续了一年，她逐渐能够信任自己并且控制自己的情绪，生活也步入正轨，并重新得到了一个优秀男士的爱，美好在她的生活中渐渐出现了。

如果你也有和芬妮一样的问题，你就得学着控制自己的情绪了。

不能控制情绪的人，往往给人一种不成熟或还没长大的印象。只有小孩子才会说哭就哭，说笑就笑，说生气就生气，如果这种行为发生在小孩儿身上，大人会认为这是天真烂漫，但如果发生在一个成年人身上，人们就不免会对这个人的人格发展产生怀疑了，就算不当你是神经病，至少也会认为你还没长大。谁能放心让一个孩子气的人来完成重要的事务呢？控制不了情绪会让你离成功越来越远。

不要动不动就泪流满面，那样只会被他人看不起，被人认为是一种软弱。即使真的非常伤心，也不要在人前失态，找个没人的角落痛哭一场，然后立即擦干泪水，微笑着返回人生的战场。记住：帮你获胜的是坚强而不是眼泪。

不要动不动就暴跳如雷，生气比流泪的坏处更多：偶尔生气，别人会怕你；常常生气，别人就不在乎，反而会抱着“你看，又在生气了”的看猴戏的心理，这对你的形象也是不利的。并且他们会和你保持距离，你和别人的关系在无形中就拉远了。生气也会影响一个人的理性思维，使之对事情做出错误的判断和决定，而这也是别人对你最不放心的一点。

当你情绪起伏不定的时候，告诉自己千万要冷静。只有当你懂得了如何控制自己的情绪，你才能一步步走向成功。

风雨过后，才有阳光和彩虹

失败会给人生带来破坏性的影响，但它也可以转化成为有益的经验。要相信这一点，风雨之后永远都是彩虹。

失败、风险和变革都是个人进步和事业发展中的关键环节。如果不冒风险，那你永远都不会前进。

西方有句谚语："不要为打翻了的牛奶而哭泣。"

生活中的事情的确是这样的，牛奶已经打翻了，再悲伤地哭泣也无济于事。但如果因为今天打翻了这桶牛奶，而使我们注意以后不再打翻，不再犯类似的错误，那么即使打翻一车牛奶也值。

查尔斯·罗勃兹是一位著名的投资顾问，但是他在事业之初也遭遇了失败的打击。当初查尔斯只有两万美元，是他朋友托付给他到股票市场投资用的。他以为他能赚一笔，结果他赔得分文不剩。他心里很难过，忧虑重重，毕竟不是自己的钱，不知怎么向朋友交代。他害怕见到他们，可最后还是硬着头皮告诉他们这个不幸的后果。

谁知朋友们对这事看得很开，不以为然，查尔斯心里还是过意不去，他下定决心，要学会整个股票市场运作方面的知识。于是他向一位最成功的预测专家波顿·卡瑟斯求教，希望从卡瑟斯先生那里能学到很多东西。

他们见面了，卡瑟斯先生问了几个问题，问查尔斯以前是怎么做的，然后告诉他股票交易中最重要的原则。卡瑟斯先生说："我在股票市场上买的每一股，都有一个到此为止、不能再赔的最低标准。比如说，我买的是50块钱一股的股票，我马上规定不能再赔的最低标准是45块钱。"这是什么意思呢？也就是说万一股票跌价，跌到比买进价低5块钱的时候，就要立刻抛出去，把损失只限定在5块钱。卡瑟斯先生还说："如果你当初买得很聪明的话，就可以赚到10块、25块，甚至50块。因此，把你的损失限定在5块以后，即使你判断错了，你还能赚很多钱。"

从此，查尔斯应用这个原则，获得成功，替他的顾客和自己挽回了几千万块钱。后来他发现这个原则不仅可应用到股票市场，还可以用来控制情绪、消除忧虑，他为每一种烦恼和不快都设定"到此为止"，有意识地控制它们，效果非常不错。

在生活中，我们应该做命运的主人，而不应由命运来摆布自己。西方哲学家蓝姆·达斯曾讲了一个真实的故事。

一个因病而仅剩下数周生命的妇人，一直将所有的精力都用来思考和谈论死亡有多恐怖。

以安慰垂死之人著称的蓝姆·达斯当时便直截了当地对她说:“你是不是可以不要花那么多时间去想死,而把这些时间用来活呢?”

他刚对她这么说时,那妇人觉得非常不快。但当她看出蓝姆·达斯眼中的真诚时,便慢慢地领悟到他话中的诚意。

“说得对!”她说,“我一直忙着想死,完全忘了该怎么活了。”

一个星期之后,那妇人还是过世了。她在死前充满感激地对蓝姆·达斯说:“过去一个星期,我活得要比前一阵子丰富多了。”

林肯在竞选参议员失败后这样说道:“此路艰辛而泥泞,我一只脚滑了一下,另一只脚也因而站不稳,但我缓口气,告诉自己,这不过是滑一跤,并不是死后而爬不起来。”

林肯从小一贫如洗,一生都在接受人生的挑战:八次竞选八次落败,两次经商失败,并曾经为此精神崩溃一次。然而,林肯没有放弃,继续努力,最终成为美国历史上最伟大的总统。

人生之路艰辛而泥泞,在不断的探索中,只有经历了100次风雨,才能迎接第101次的绚丽彩虹。

失败和痛苦是上帝和每一种生物沟通,并指出我们错误所使用的语言。 动物在听到上帝的这些话时,可能会变得胆怯,致使它们逃避所有可能的威胁。 而人类在听到上帝的启示之后，应该更谦逊，把它当作上帝的智慧和启迪。因此，你不必在失败面前畏惧，它只是暂时的，它能为你提供改变人生的机遇。

爱默生说过："我们的力量来自我们的软弱，直到我们被戳、被刺，甚至被伤害到疼痛的程度时，才会唤醒包藏着神秘力量的愤怒。伟大的人物总是愿意被当成小人物看待，当他坐在占有优势的椅子中时会昏昏睡去。当他被摇醒、被折磨、被击败时，便有机会可以学习一些东西了。此时他必须运用自己的智慧，发挥他的刚毅精神，他会了解事实真相，从他的无知中学习经验，治疗好他的自负精神病。最后，他会调整自己并且学到真正的技巧。"然而，挫折并不保证你会得到完全绽开的利益花朵，它只提供利益的种子。你必须找出这粒种子，并且以明确的目标给它养分并栽培它，否则它不可能开花结果。上帝正冷眼旁观那些企图不劳而获的人。

你应该感谢你所犯的错误，因为如果你没有和它作战的经验，就不可能真正了解它。所以，一个能够在逆境中微笑的人，要比一个一面临艰难困苦就崩溃的人伟大得多。一个能够在一切事情与他的愿望相背时微笑的人，是胜利的候选者，因为这种阳光状态，普通人是不能够做到的。

忧郁、阴沉、颓废的人，在社会上不受人重视。没有人愿意同他待在一起，每个人见了他，都只是看看他，然后就会离开他。

我们不喜欢那些忧郁、阴沉的人，正像我们不喜欢给予我们以不调和印象的画一样。我们会本能地趋向于那些阳光的人。我们要使人家喜欢我们，首先要使我们自己变得阳光。无论你遭遇的事情是怎样不顺利，你都应努力去支配你的环境，把你自己从不幸中解脱出来。如果你背向黑暗，面对光明，阴影就会留在你的后面！

假如你能够绝对拒绝那些夺去你快乐的魔鬼，假如你能紧闭你的心扉，而不让它们闯入，假如你能明白，这些魔鬼的存在，只是你自己为它们提供了方便，那么它们就不会再光顾你了。努力培养一种愉快的心情！假如你本来没有这种心情，只要你能努力，不久就会具有这种美德的。

一位神经科专家告诉人们，他发明了一种治疗忧郁病的新方法。他劝告他的病人，在任何环境下都要笑。强迫自己，无论心中喜欢不喜欢，都要笑。“笑吧！”他对病人说，“连续着笑吧！不要停止你们的笑！最低限度，试着把你们的嘴角向上卷起。这样不停地笑时，看你感觉怎样！”他就是用这种方法治愈他的病人的。

把忧郁在数分钟之内驱逐出心境，这对一个阳光的人来说是完全可能做到的。但多数人的缺点就在不肯开放心扉，让愉快、希望、乐观的阳光照进，相反却紧闭心扉，想以内在的能力驱除黑暗。他们不知道外面射入的一缕阳光会立刻消除黑暗，驱出那些只能在黑暗中生存的心魔！

在你遭遇困境时，你应当努力适应周围的环境，无论遭遇如何，都要背向黑暗，面对阳光！也只有这样，你才能看到生命中希望的太阳。

PART 6

耐得住寂寞，自律的人生不孤独

学会坚守，守到黎明见花开

每个人都是在追求成功的，事业上、健康上、爱情上，但成功者却寥寥可数。也总有很多成功者向我们传授成功的经验，虽然成功的方法各不相同，但是在成功的路上他们却都有着同样的路途要走，那就是寂寞的路。

通往成功的路一定是寂寞的，需要我们自己付出艰辛努力，披荆斩棘，不能遇到点困难就想着打退堂鼓。要知道，守到黎明才能见花开。

一位资深的广告公司文案人员在接受记者采访时，记者问她成功的感悟，她只说了两个字：“坚持。”是的，她的成功全部蕴含在了这两个字中。看似低调，实则是成就伟大事业的一种大智慧。

6 年前，她是一家棉纺厂的下岗人员，除了爱好文学之外，她一无所长。那年夏天，她深爱着的男孩儿也向她提出了分手，男孩儿说，他的妈妈觉得女孩子不能没有工作。

她笑笑，看着男孩儿远去。

为了爱情，她来到这家只要有创意不必有文凭的广告公司。

应聘的有上百人，大都是美院和艺术学校的大学生。看着他们一个个朝气蓬勃、青春焕发，而且个个才华横溢，且有作品得奖，她一下子失去了信心。在招聘过程中，她一遍遍地问自己，“是不是应该放弃?”直到面试到她时，她的心中还在问自己，“是不是应该放弃?”

但她看到了和蔼可亲的经理，就在他善意的一笑中，她突然有了坚持下去的勇气。

她想搏一搏。幸运的是，经理也正好是一位爱好文学的人，爱好相同的人之间总有别人无法言传的默契。更重要的是，经理读过她的诗。

很传奇地，她被录用了。

进入公司，她很快发现了自己与别人的差距，她没有专业的创意知识，也没有专业的创意才能，经常点子不能想到刀口上。等到别人设计出来，她才有一种顿悟的感觉。

广告公司的收入是按照业绩取酬，整整6个月，她的工资在公司里是最低的。除了勤杂工，就数她了。这时，她的脑子里又冒出了放弃的念头，因为她觉得自己并不适合这份工作。

当有人因为承受不住工作压力而转行时，她随时都想把口袋中的那张辞职报告拿出来。

但是，她又有一股不服输的劲头，不愿就这样认输。

其实她有广告创作的天分，只是在文学和文案之间，还有一段过渡的时间。只要能坚持，她一定会度过这个过渡期。她又坚持了6个月。

果真，一天，她的第一个创意被公司采纳。再过了一个月，她为一家实力雄厚的公司创作的广告词，那家公司竟然没有改动一个字。

这两则成功的创意撕毁了她黑暗的世界，希望的曙光已经降临。

从此她的创意点子如火山一样喷发，有时候甚至连她自己也不明白她为何会如此适合干广告策划这一行。

其实成功说简单也简单，也没有什么大秘诀，就是贵在寂寞的时候忍耐住，坚持不懈。任何伟大的事业，成于坚持不懈，毁于半途而废，只有坚持才能创造辉煌。寂寞中坚持，才能不被淘汰在社会的发展过程中。

这就是坚持的力量，只有学会坚持，才能“守到黎明见花开”。世间最容易的事是坚持，最难的也是坚持。说它容易，是因为只要愿意，人人都能做到；说它难，是因为能真正坚持下来的，终究只是少数人。

英雄都是在寂寞的坚持下成长起来的，他们在坚持中获得了更多的机会，创造了自己的辉煌。

巴斯德有句名言：“告诉你使我达到目标的奥秘吧，我唯一的力量就是我的坚持精神。”学会在寂寞中坚持，就是找到了成功的秘诀。

害怕寂寞，就别追寻梦想

梦想是美丽的，而追求梦想的过程却是艰辛的。 追寻梦想需要一种努力的自律，这是成功前对寂寞最大的忍耐。 在追寻梦想的过程中，总会遇到各种各样的挫折，可怕的是缺乏一种忍耐这些痛苦的精神及个性，失去了在寂寞中最后的坚守。

对大多数人来说，可怕的也许不是那些困难，可怕的是我们忍受这些困难时候的寂寞。 所以，害怕寂寞，就别追寻梦想。 追寻梦想，就要有耐得住寂寞的精神。 唯有这样，才会比较容易取得成功。

取得成功人寥寥可数，也总有很多成功者向我们传授成功的经验。美国石油大亨约翰·洛克菲勒，标准石油公司的创始人，也是世界上第一位亿万富翁。16 岁时，他为了得到一份“对得起所受教育”的工作，翻开克利夫兰全城的工商企业名录，仔细寻找知名度高的公司。每天早上，他离开住处，身穿黑色衣裤和高高的硬领西服，戴上黑领带，去赴预约面试。他一次次地去敲各大公司的门，一次次被人拒之门外，日复一日地前往，一连坚持了6个星期。

在走遍了全城所有大公司，都被拒之门外的情况下，他并没有像很多人那样选择放弃，而是“敲开一个月前访问过的第一家公司”，从头再来。求职的过程是艰辛的、寂寞的，有些公司他甚至去了两三次，但谁也不想雇用太年轻的人。可是，洛克菲勒没有因为受挫而放弃自己的梦想，他的决心反而更坚定。

1855年9月26日上午，他走进一家从事农产品运输代理的公司，老板仔细看了他写的字，然后说：“留下来试试吧。”洛克菲勒脱下外衣马上工作，工资的事提也没提，挨过了寂寞的求职阶段，他终于迎来了自己的第一份工作。他过了3个月才收到第一笔补发的微薄的报酬。这就是洛克菲勒的第一份工作，是他自己都记不清被拒绝多少次后得到的工作。他一生都把9月26日当作“就业日”来庆祝，因为他靠着自己的热情战胜了寂寞，那是他最值得纪念的日子。

任何人的梦想都不会一蹴而就，梦想的实现总要经历过一段不同于常人的寂寞之路。洛克菲勒这种坚持不懈的精神就是不惧怕寂寞、战胜寂寞的典范。许许多多实现梦想的事例都告诉我们，别害怕寂寞，在最难的时候仍然坚守自己的梦想是非常重要的。追寻梦想并不难，难的是在寂寞中坚持不懈地追下去。谁能够坚持到底，谁就能最先看到曙光，夺取最后的胜利果实。

辉煌是从寂寞开始的

虽然每个人成功的方式和方法都不一样，但是寂寞却为这些成功人士的辉煌奠定了一定的基础。亚里士多德在他的《政治学》中说出了一句名言："离群索居者不是野兽，便是神灵。"且不说他的用意和说法是否合理，但这句话却道出了一个重要的道理，那就是辉煌都是从寂寞开始的。那些神灵般的人物永远是寂寞的，他们的辉煌背后总隐藏着无数的寂寞和艰辛。

李安，是一位享誉世界影坛的台湾著名导演，曾担任第66届威尼斯国际电影节评委会主席。他的第一部作品《推手》获得了台湾金马奖最佳导演等8个奖项的提名；《喜宴》在柏林国际电影节上荣获金熊奖；《卧虎藏龙》荣获第73届奥斯卡金像奖最佳外语片奖，且被《时代周刊》评为2000年度最佳影片、最佳导演的作品；2006年凭借电影《断背山》，他再次荣获了第78届奥斯卡金像奖最佳导演奖，也是目前唯一华人导演获此殊荣。李安为电影事业做出了极大贡献，也是众多媒体的追捧对象。

然而，正是这样一位时刻面对耀眼的镁光灯的他，却也是在寂寞中行走的。在他的辉煌与华丽的背后，也有着不为人知的寂寞。

他曾6年失业在家，在极度无望的郁闷中，他做了6年“超级奶爸”，靠留学生妻子的微薄收入勉强度日。

李安的老家在江西德安，他的父亲去台湾的时候几乎是死里逃生，所乘坐的轮船为“永安”号，所以给他取名字为“李安”并对他抱有着极大的希望。

可是一切并不如父亲所愿，李安先是两度联考落榜，这让父亲对他的人生前景非常忧虑。无奈之下，怀着电影梦的李安考进了台湾艺术专科学校影剧科。然而这却遭到了一直想让他考上大学、成为诗礼传家的楷模的父亲的严厉拒绝。直到他保证毕业后出国深造，父亲才同意他继续留在艺专。

然而，1978年，26岁的李安又做了一个让父亲瞠目结舌的决定：报考了美国的戏剧电影学校。虽然这也是“出国深造”，可是父亲不能接受儿子从事他认为的没出息、没前途的娱乐业。

父亲与自己的冲突和妥协，给李安带来了严重的心理障碍，然而有得有失，这也使得他获得了对中国传统文化中的父权文化、亲情纽带的深刻思考和复杂情感，为他后来拍的“父亲三部曲”奠定了浓厚的基础。

1980年，李安拿到了戏剧学学士后，顺利进入纽约大学，并以《分界线》这部出色的作品毕业，同时得到了美国三大经纪公司之一的签约。留在美国之后，李安开始了在好莱坞的漫长而寂寞的奔波。他做的事情大多是：对剧本进行局部修改、等待，再修改、再等待……直到最终毫无结果。

然而这样一留就是6年，6年里李安经受着无所事事和孤寂难耐。在漫长的郁闷与等待中，李安和林惠嘉结婚，开始了自己生命中长达6年的“家庭妇男”生活。那阵子，他只能靠身为药物研究员的妻子养家糊口，已过而立之年的李安成为家庭的累赘。

“没有人能阻止你靠近自己的梦想。”每当李安郁闷，找不到前进方向的时候，林惠嘉都会轻轻抛出这句话，这也成了李安在那6年中唯一的心灵寄托。

“一切艺术都是苦闷和寂寞的产物。”也许正是因为李安经过了如此多的寂寞难耐的日子，他的艺术才会精进于化境，直指人心。李安是最寂寞的也是最不寂寞的，寂寞是一直苦苦为梦想奋斗的过程，快乐的是一直有这样一个不变的梦想可以为之奋斗和努力。因此，当李安陶醉于自己的艺术的时候是最快乐、最不寂寞的时候，因为寂寞的环境是抑制不住他那不肯寂寞的心灵的。正应了贝多芬的话：“当我最孤独的时候，也就是我最不孤独的时候。”

虽然有一段时间，李安险些耐不住寂寞而放弃自己的梦想，硬着头皮去转行学习计算机行业。可是他的太太给他说了一句话："安，你一定要坚持自己的理想。"

因为这一句话，这样一位明理智慧的老婆，也为对艺术的执着，李安最后没有去学计算机。如果当时他去了，多年后就不会有一个华人站在奥斯卡的舞台上。水滴石穿，经过多年的磨炼，李安终于收获了人生中的果实，等来了生命里的"电影春天"。1990 年，李安编写的《推手》一举获得优秀剧作奖，奖金高达 40 万元，之后很快由台湾的一家电影公司投资开拍。

每个人的生命都是有限的，要想在这个有限的生命里创造一个辉煌的人生，那么就从耐得住寂寞开始。李安不就是那样从寂寞中开始了辉煌人生吗？耐得住寂寞，6 年、7 年、8 年……坚持自己的梦想不改变，你敢吗？

欲速则不达，凡事不可急于求成

这个社会很多时候呈现出快速化的一面，生活在这个社会上的人也是紧跟步伐快速行进。行动上风风火火、毛毛躁躁，结果做事漏洞百出、错误连连。欲速往往不达，凡事不可急于求成。

相反，以淡定的心态对之、处之、行之，以坚持恒久的姿态努力攀登、努力进取，成功的概率却会大大增加。

农夫在地里种下了两粒种子，很快它们变成了两棵同样大小的树苗。第一棵树开始就决心长成一棵参天大树，所以它拼命地从地下吸收养料，储备起来，用以滋润每一个细胞，盘算着怎样向上生长，完善自身。由于这个原因，在最初的几年，它并没有结果实，这让农夫很恼火。而另一棵树同样也拼命地从地下吸取养料，打算早点开花结果，它做到了这一点。这使农夫很欣赏它，并经常浇灌它。

时光飞转，那棵久不开花的大树由于身强体壮，养分充足，终于结出了又大又甜的果实。而那棵过早开花的树，却由于还未成熟，便承担起了开花结果的任务，所以结出的果实苦涩难吃，并不讨人喜欢，而且自己也因此累弯了腰。农夫诧异地叹了口气，终于用斧头将它砍倒，当柴烧了。

由此不难看出，急于求成只会导致最终的失败，所以我们不妨放远眼光，注重自身知识的积累，厚积薄发，自然会水到渠成。

由于朋友的引导，张颖爱上了打高尔夫。然而对于之前从未玩过这种球的张颖来说，一切虽新奇却陌生。然而她总共才打了3个月球，但受伤的时间却足有4个月。具体原因就是他犯了初学者的通病：急于求成，想法太多。她的教练曾幽默地对她说："你太想给我惊喜了！"

刚开始学习的时候，张颖这样的"一张白纸"，教练教起来很容易，从握杆、上杆、下杆、收杆等最基本的动作开始，在一段"手把手"的短期教学之后，教练对张颖的评价是"你能打这球"。张颖听到这句话就像是吃了一粒兴奋剂，不仅信心大增，对高尔夫球的学习更加疯狂。她开始了一段疯狂的自我"摸索"过程。

"我除了上班的时间基本都在想着这个事情，琢磨着，思考着，总想这样打行不行，那样打行不行。如何才能打得又远又准呢?”她几乎把所有的心思都投入在这个上面了。不仅如此,她还总是按照职业选手的目标来要求自己,太急于求成,每天打500个球,而且都是在没有教练的情况下偷着练。这样的练习并没有给她带来实质性的突破,相反,她走进了误区,后背处处都是受伤的地方。

现在躺在医院病床上的张颖颇有些无奈。而教练对这个“举一反三”的学生也是哭笑不得:“张颖很聪明,总想自己发挥,给教练长长面子,有时到了球场也不做准备活动就下场。更甚的是,她一受伤非但不在家好好养着,居然还想用以毒攻毒的方法把伤治好,结果只能是越来越重。”张颖感慨地说:“我太急于求成了,总想着快点打好,完全忘记了受伤这回事。有一次脖子不能转动还坚持打完了18洞。”

“一万年太久,只争朝夕。”这句话曾经激发了几代中国人的斗志和干劲,可随着时间推移,却有些被曲解。如今的我们越来越着急,越来越怕等待和坚守。

看电影要按“快进”,看网页狂点“刷新”,发微博要抢“沙发”,寄信要快递送达。拍照,要立即可取;做事,最好是名利双收;创业,最好一夜暴富;结婚,最好有现房现车;就连开车坐车,速度也越来越快……我们好像丧失了“慢”的能力,没有了耐得住寂寞的性子。但是要知道欲速则不达,凡事不可急于求成,伟大都是熬出来的。不要一门心思地想着按下快捷键，在人生的道路上需要慢慢熬制才能有精彩的人生。慢慢地熬，耐心地过，这样的人生才能五彩斑斓。

1987年，她14岁，在湖南益阳的一个小镇卖茶，1毛钱一杯。因为她的茶杯比别人大一号，所以卖得最快。那时，她没有着急有一个店面，只是单纯地忙碌和快乐。

1990年，她17岁，她把卖茶的摊点搬到了益阳市，并且改卖当地特有的“擂茶”。擂茶制作比较麻烦，但也卖得起价钱。她坚持着，那时她的小生意依然忙忙碌碌。

1993年，她20岁，仍在卖茶，不过卖的地点又变了，这次转到了省城长沙，摊点也变成了小店面。客人进门后，必能品尝到热乎乎的香茶，在尽情享用后，他们或多或少会掏钱再拎上一两袋茶叶。

1997年，她24岁，长达10年的光阴，她始终在茶叶与茶水间滚打。这时，她已经拥有37家茶庄，遍布于长沙、西安、深圳、上海等地。福建安溪、浙江杭州的茶商们一提起她的名字，莫不竖起大拇指。

2003年，她30岁，她的最大梦想实现了。“在本来习惯于喝咖啡的地方里，也有洋溢着茶叶清香的茶庄出现，那就是我开的……”说这句话时她已经把茶庄开到了中国香港和新加坡。

她就是孟乔波，一个用时间慢慢熬成功的商人。

试想一下，如果她没有耐得住寂寞的性格，也许在中途因为点小困难早已放弃了自己的事业，自然也不会有后来事业上的辉煌。“骐骥一跃，不能十步；驽马十驾，功在不舍。”同样，成功的秘诀不在于一蹴而就，欲速则不达，急于求成的果实都不会是甜的。只有用耐心构筑的成功才能够持之以恒。

静下心来，成功就在不远处

子夏一度在莒父做地方首长，他来向孔子问政，孔子告诉他为政的原则：“无欲速，无见小利；欲速则不达，见小利则大事不成。”就是要有远大的眼光、百年大计，不要急功近利，不要想很快就能拿成果来表现，也不要为一些小利益花费太多心力，要顾全到整体大局。“欲速则不达”便是其中的核心与关键，这是人所共知的道理。著名大师柏杨先生也曾说：“躁进之士跟野心家不同，野心家有时候还可以克制自己，躁进之士则身不由己地到处寻觅可以撞门的别人的人头，更为劳苦、危险。”

是的，一味地求急图快，结果只能是越急事情越办不好，这和人们常说的“心急吃不了热豆腐”是同一个道理。万事万物都有一定的发展规律，越是着急，就越是会把事情弄得一团糟。耐得住寂寞，静下心来慢慢地努力，成功就在不远处。

有一个小朋友，很喜欢研究生物，很想知道蛹是如何破茧成蝶的。有一次，他在草丛中玩耍时看见一只蛹，便取了回家，日日观察。几天以后，蛹出现了一条裂痕，里面的蝴蝶开始挣扎，想抓破蛹壳飞出。艰辛的过程达数小时之久，蝴蝶在蛹里辛苦地拼命挣扎，却无济于事。小朋友看着有些不忍，想要帮帮它，便随手拿起剪刀将蛹剪开，蝴蝶破蛹而出。但没想到，蝴蝶挣脱以后，因为翅膀没有力量，变得很臃肿，根本飞不起来，之后，痛苦地死去。

破茧成蝶的过程原本就非常痛苦与艰辛，但只有付出这种辛劳才能换来日后的翩翩起舞。外力的帮助，反而让爱变成了害，违背了自然的过程，最终让蝴蝶悲惨地死去。自然界中这一微小的现象所展现的哲理，放大至人生，意义深远。

现代社会中，许多人拥有的都是一颗躁进的心，于是，人们在不断跳槽中度过了人生中适合进步与发展的最佳时机，人们在金钱至上的追逐中失去了欢笑与幸福的能力，人们在“速度就是一切”的观念中迷失了自我。

曾有一位朋友这样诉说自己的苦闷：“我这一两年一直心神不定，老想出去闯荡一番，总觉得在我们那个破单位待着憋闷得慌。看着别人房子、车子、票子都有了，心里慌啊！以前也做过几笔买卖，都是赔多赚少；我去摸奖，一心想摸成个暴发户，可结果花几千元连个声响都没听着。后来又跳了几家单位，不是这个单位离家太远，就是那个单位专业不对口，再就是待遇不好，反正找个合适的工作太难啊！天天无头苍蝇一般，反正，我心里就是不踏实，闷得慌。”

这便是现代人典型的“躁进”心理，面对急剧变化的社会，不知所以，对前途毫无信心，心神不宁，焦躁不安。于是，行动之前缺乏思考，变得盲目，只要能得到自己想要的，甚至可以不择手段。

其实，静下心来，耐心地去追求自己想要的，成功就在不远处。

棋坛有“石佛”之称的韩国围棋第一高手李昌镐，他总是以一颗平常心来对待每次对弈，置胜负于度外，平心静气地走好每一步棋，借用一句《士兵突击》中的话就是，“心稳了，手也就稳了”。出现劣势时，对手大多有些慌乱，但他依旧毫无表情、纹丝不动，而最终的胜者则常常是他。

与李昌镐相比，现代人患上了浮躁的心理疾病，它使人失去了对自我的准确定位，使人随波逐流，漫无目的地努力，最终的结果必定是事与愿违。其实，欲速则不达的道理大家都懂，但在实际行动中却总是背道而驰，就连宋朝著名的朱熹也曾犯过同样的错，直到中年时，才感觉到，速成不是创作的良方，之后经过一番苦功方有所成。他用“宁详毋略，宁近毋远，宁下毋高，宁拙毋巧”这十六字箴言将“欲速则不达”做了最精彩的诠释。

罗马非一日建成；冰冻三尺，非一日之寒。追求效率原本没错，然而，一旦陷入躁进的漩涡之中，失败便已注定了。我们须铭记诸葛亮的“非淡泊无以明志，非宁静无以致远”，时时擦拭心灵深处的浮躁，时时提醒自己“一口吃不成个胖子”，及时地给自己的心灵洗个澡，去除掉那些躁进的因子，恢复一颗淡泊、宁静的心，人生才会拥有更大的幸福。

忍耐是痛苦的，果实却是甜蜜的

西班牙小说家、剧作家、诗人塞万提斯·萨维德拉曾经说过："忍耐是一帖利于所有痛苦的膏药。"

忍耐挫折，我们将会收获成功时需要的经验；忍耐压力，我们将会收获成功时需要的承受能力；忍耐平凡的岗位，我们将会收获成功时需要的踏实与认真；忍耐平庸，我们将会收获成功时需要的经验……

在人的一生中，总会遇到各种各样的不如意，可怕的是缺乏一种忍耐这些不如意的精神及个性。忍耐时虽然是痛苦的，可是收获的果实却是甜蜜的：我们的工作能力得到提高，我们的工作经验得到累积，我们的处世技巧得到提升……

人生是公平的，半途而废往往永远难以收获果实，只有多一分耐心与坚持，多一份尊重与体谅，坚持到最后才能有收获。

宋敏是名牌大学毕业的，在一家事业单位工作。单位里要写很多材料，她毕竟刚来，对公文写作还不很熟，于是每次写好后，她都要给同事老王看，待老王修改完，她再拿去请科长审阅。

很快，宋敏的材料越写越好，老王已经没有什么可以修改的了，可科长仍旧东涂西抹，不留情面。宋敏虽有些不悦，但没说什么，依然是很谦虚地请科长批改。老王愤愤不平，他认为科长的水平已修改不了宋敏的文章了。

他给宋敏讲过这样的故事。赫鲁晓夫观抽象画展，看不懂，就破口大骂，负责展览的艺术家回敬道“您对艺术根本不懂”。赫鲁晓夫说出了他的那句名言：“当我是一名矿工时，我不懂；当我是党的低级官员时，我不懂。但是，今天我是部长会议主席、党的领袖，因此，我现在当然懂。”

老王揶揄道：“他现在是科长，他当然能够修改科员的文章。”宋敏只是笑，显得不介意。有时被老王逼紧了，她也只是说：“不就是改个材料吗？又不是修改我的人生。”

由于宋敏的谦虚勤奋或许还有才能，科长把宋敏推荐给上级宣传部门，宋敏升职了。

一天，上级要求科里写一个大材料，材料组织好后，科长让人先送到宣传部门说是请上级把关，两天后，宋敏把材料修改好。这个材料得到了上级的好评。科长很满意：“说宋敏还真行，我没有看错人。”宋敏拿出钱来请大家吃饭，有人私下里对宋敏说：“你应该让科长请你吃饭才对，那文章是你写得好。”宋敏说：“那怎么行？

我会写材料是你们教的，我得感谢你们才对。我老爸在我参加工作时，送我四个字，第一感恩，第二宽容。学会了宽容，你就有可能反过来修改领导的文章，学不会宽容，你的文章就永远被领导修改。”

忍耐一切就能战胜一切。

忍，是一种韧性的战斗，是一种永不败北的战斗策略，是战胜人生危难和险恶的有力武器。忍，是医治磨难的良方。忍人一时之疑、一时之辱，一方面可脱离被动的局面，同时也是一种对意志、毅力的磨炼。

《菜根谭》中有一句话：“处世时让人一步为高，退步就是进步的根本；待人宽一分是福，利人实是利己的根基。”忍住那些平庸、压力、困难等，实际上是帮助你成就大业。

人生中，不是所有的事情都能如愿，我们都在小心翼翼地行走在职场中。残酷的现实有时需要我们低下头忍耐一下，这充满着无奈但更是一种智慧。

古希腊哲学家柏拉图告诉人们：“要是你无法避免，那你的职责就是忍受。如果你命运里注定须要忍受，那么说自己不能忍受就是犯傻。耐心是一切聪明才智的基础。”

控制力可以成就一个人，因为幸运之神总能给耐心的、控制自我并坚持到最后的人以意外的惊喜。忍耐何尝不是一种控制力？忍住自己的私欲从而控制自己的行动是最大的控制力。多一份忍耐，多一份坚持，过程虽然痛苦，但收获的果实却是甜蜜的。

PART 7

掌控好情绪，自律的人从不会输给情绪

懂得自控，情绪化会让你坏大事

安东尼·罗宾斯说过：“成功的秘诀就在于懂得怎样控制痛苦与快乐这股力量，而不为这股力量所反制。如果你能做到这一点，就能掌握自己的人生，反之，你的人生就无法掌握。”

很多时候，坏事的不是你的能力或智慧，而是你没有控制住自己的情绪。因为，控制好了情绪，做事才能游刃有余，才能扫清通往成功之路上的障碍。

北京时间2006年7月10日凌晨，世界杯决赛在德国柏林奥林匹克球场进行，法国与意大利向冠军发起最后的冲击。比赛刚开始6分钟，马卢卡就为法国队创造了一个宝贵的点球，齐达内以一记巧妙的“勺子”命中点球，将比分改写为1:0，第18分钟意大利“罪人”马特拉齐头球扳平比分。

在加时赛下半场第3分钟时场上忽然出现混乱，齐达内失去冷静，突然一头顶在马特拉齐胸口上，后者顺势倒地，使比赛陷入中断。冲突前，不知马特拉齐对齐达内说了些什么，激怒了这位足球艺术大师。主裁判与助理裁判简单交流之后，出示红牌将齐达内罚出场外，就这样，这位享誉世界的足球艺术大师以这种令人遗憾的方式结束了他最后的演出。

在齐达内为球迷带来的精彩表演中，人们也能时不时地见到他脾气暴躁的一面。1998 年世界杯小组赛上，齐达内就曾踩踏沙特球员，后又因为在欧洲冠军杯比赛中用头恶意顶撞对手被罚禁赛 5 场，而这些还仅仅是齐达内鲁莽行为中的两例而已。

足球场上言语的挑衅司空见惯，齐达内应该用头把球打进意大利的球门，而不是撞向对方的身体。他头脑发热做出的让人匪夷所思的举动，不仅使他以这种令人遗憾的方式告别最后的演出，也让本来占据优势的法国队陷入少一人的被动局面，最终痛失世界杯冠军。

由此可见，在成功的路上，最大的敌人其实并不是任何外部的条件或是没有机会，而是缺乏掌控自己情绪的能力。愤怒时，不能制怒，使身边的家人朋友望而却步，无法进一步与你沟通；消沉时，放纵自己，把许多稍纵即逝的机会白白浪费。

成就大业的人，都知道一个千古永恒的秘诀：弱者任思绪控制行为，强者让行为控制思绪。想要在生活中更幸福、在工作上更顺心、在事业上更如意，首先要做一个能够掌控自我情绪的人，从而在理性思维的指导下明是非、知进退，甚至把坏事变成好事。

1. 要承认自己情绪上的弱点

生活中，每个人都有他的强项和弱点、长处和短处，但不一定都能很好地认识到自己的弱点或是短处。情绪世界中也是一样，为此我们一定要认识自己情绪世界中的弱点和短处，不要回避或视而不见。有的人容易暴躁，而且一旦爆发就控制不住自己。怎么办？就要承认自己有这个毛病，在此基础上再认真分析自己容易暴躁的原因是什么，在什么情况下容易激动，然后选择一些方法去克服它。这样做的好处是可以随时随地提醒自己去克服这个情绪上的弱点。

2. 要放松自己的心情

当发觉自己的情绪激动起来时，为了避免立即爆发，可以有意识地转移话题或做点别的事情来分散自己的注意力，把注意力转移到其他活动上，使紧张的情绪松弛下来。这样不仅能放松情绪，还能让你做事更加理性，更容易使你获得成功。

3. 要学会正确评价身边的人和事

出现情绪化的行为很多时候是因为不能正确认识、对待社会上存在的各种矛盾，不能处理人与人之间的矛盾。所以学会全面观察问题，从多个角度、多种观点进行多方面的观察，并能深入到现实中去就显得更加重要和有意义。这样能使我们发现原来发现不了的意义和价值，使自己乐观一点；还会增加我们克服困难的勇气，增加自己的希望、信心，即使遇到严重挫折也不会气馁，不会打退堂鼓。

凡事多一些理性思考，少一些任性臆测，你就能把不良情绪这个魔鬼关在牢笼里，战胜那些企图摧毁你的力量。总之，领悟了情绪变化的奥秘，对于自己千变万化的情绪，你就不会再听之任之。做人不情绪化，做事才能按部就班、圆圆满满，这样才能掌握自己的命运，成就辉煌的事业。

情绪是个顽皮的孩子，当你有办法控制它的时候，它就会为你的成功添砖加瓦；但是如果你放任它，它就会给你制造很多麻烦，甚至阻挡你前进的步伐。你要控制好自己的情绪，让你的行为控制你的情绪，而不是让情绪控制你的行为。

好情绪源于自我管理

一个懂得自我管理的人在受挫时不会垂头丧气，在成功时不会趾高气扬，在冲动时不会横冲直撞。为什么自我管理具有如此神奇的效果？因为良好的自我管理能培养出一个好的情绪，而好情绪又可以帮助自己管理好行为，由此形成了一个良性循环，不断地促进自身的进步和成长。

小王是一个工作能力很强的人，但是他从小就有一个坏毛病，就是遇到不顺心的事就喜欢摔东西。

一次，小王拿着自己辛辛苦苦弄好的策划书去给客户看，结果客户不但不满意，还挑了一大堆毛病。小王回来以后生气地把策划书往桌上一摔，然后又拿起别的东西重重地摔了几下，弄得整个办公室的人都看着他。

第二天，小王就收到了一封解雇信。小王生气地问老板怎么回事时，老板说："我不能让一个连自己情绪都管理不好的人来接触我的客户。"

大家都会遇到一些不顺心的事，但能不能合理地发泄、管理这些坏情绪就变得很重要，因为这直接反映出一个人的素质高低。小王面对坏情绪，选择了一种极不恰当的方式来发泄，这体现出他不善于情绪的自我管理，放任情绪肆意破坏事情的发展。

一个能管理好自己情绪的人能获得更多成功的机会，得到更多人的青睐。

艾达是一个化妆品售货员，有一天她遇到一位女士，她非常挑剔，艾达已经为她推荐了好几款化妆品了，但是她不是嫌太贵，就是觉得不够好，最后她竟然开始骂艾达："小姐，作为一个售货员，你太不专业了，不能为顾客挑选到合适的东西，这是你严重的过失。"

大家心里都为艾达不平，以为艾达一定会狠狠地骂一顿这个不讲理的顾客。但是艾达居然还是微笑着对这位女士说："真的对不起，没有为您挑选到合适的产品，不如您再把要求详细说一说，我多为您推荐一些好吗?"

几天以后，艾达被升为这个化妆品公司的部门经理，原来那天那个难缠的女士就是这个化妆品品牌的总经理。当总经理问艾达为什么不生气时，艾达说："我当时真的很生气，但是争吵并不是发泄我坏情绪最好的办法，所以我要管好它，不让它跑出来影响我的工作。"

其实每个人都会有一些坏情绪，这是正常的。但是一个心理健康的人不会否定自己坏情绪的存在，而是选择合适的时间、地点来发泄自己的负面情绪，尽量把这个糟糕的情绪带来的坏影响降到最低，这就是情绪的自我管理。

我们要成为自己的主人，善用情绪的价值和功能，而不是让情绪左右我们的思想和行为，成为它的奴隶。那么，如何进行自我管理呢？

1. 我被什么情绪包围着？

自我管理的第一步就是要能清楚地认识我们的情绪，并且接纳我们的情绪。情绪是我们真实的感受，只有清楚认识了我们的感受，我们才有机会掌握它们。不同的情绪会有不同的表现，所以不同的情绪也需要不同的办法去管理。只有明确地知道它是什么，才能想出办法来应对，所谓知己知彼，才能百战百胜。

2. 我为什么会有这种情绪？

“我为什么生气，为什么难过，为什么失落？”太多的为什么会蒙蔽我们的眼睛，找出病因才能对症下药，从而彻底治愈。

3. 面对这些坏情绪我该怎么办？

想想看，做什么事情的时候你会忘记你的坏心情？也许是运动、独处、听音乐、到郊外走走、大哭一场、倾诉……不论是什么方式，只要能改善你心情的办法都是好办法。

一个懂得自我管理的人，会消除不良情绪，延续积极情绪，从而使自己保持好心态。心态好，遇到任何事情都能乐观面对，自然天天都有一份好心情。有了这样的情绪状态，难事不难，往往也会使一切都尽在掌握。

学会及时清除情绪垃圾

压制情感会产生大量的情感垃圾，这些垃圾如果不断滋生，最后可能就会使你不胜负荷而倒下，甚至崩溃。为了避免这种情况的发生，我们应当适当地丢掉一些感情的垃圾，这样才能让自己轻装上阵。

一对夫妇结婚没多久，丈夫就有了外遇，妻子痛不欲生，但因为还深爱着丈夫，于是原谅了丈夫，而且丈夫也表示要痛改前非。

夫妻俩平平安安地过了一年，妻子怀孕了，生了一个可爱的小宝宝。这个时候她却发现丈夫每次接电话都神神秘秘地跑到一边去说话，这让妻子想到了一年前丈夫的外遇，她觉得一定是丈夫有问题了，不然为什么每次都神神秘秘的。

于是她趁丈夫洗澡的时候偷偷地翻丈夫的短信和电话，除了几个没有名字的电话号码以外也没什么特别的，但她就是不放心。最后她忍不住和丈夫大吵大闹，她质问丈夫为什么要偷偷地接电话，是不是哪个女人打来的？

丈夫这才恍然大悟，说：“每次我出去接电话的时候你注意到了吗？都是我们宝宝睡得很香的时候，我怕说话太大声会把他吵醒，再加上你身体不好，所以我希望你多休息，不要被我吵到。”妻子听了，泪流满面。丈夫抱着一直哭泣的妻子说：“我知道以前是我不好，但是我希望你可以忘记那些事，把我们之间的那些感情垃圾都清除了，相信我，我不会再那样了。”妻子点点头，这次她真的可以把心里的那些垃圾清除了。

其实，像上面故事中的妻子一样，一个人想拥有快乐的心境，想要获得成就，就要学会清除情绪垃圾，下意识地为心灵松绑，给心情做一个深呼吸。把心里的垃圾情绪赶走，你才能专心去做事。否则，别人根本就没有办法来帮助你，而你成功的梦想也只能是“镜花水月”。

若心里负担的情绪太多，就会积重难返。当你的心里积攒了太多的感情垃圾以后，你的心灵就会变得杂乱、沉重，不利于你的成长与成功。在这种时候就要学着把自己的心打扫一下，扔掉那些已经成为垃圾的感情，为心灵创造一个舒适的环境。

那么，心灵的大扫除要怎样来进行呢？

1.真正地解决问题

很多负面的情绪都是来自生活中的一些问题，比如工作不顺利、别人的欺骗、朋友的背叛等。 这些负面情绪长久堆积，或是处理得不够好，就会形成感情垃圾，等下次再遇到的时候就会更加难过。 所以只有把问题彻底解决了，以后再次提及这件事的时候，你才能够从容面对。

2. 定期检查自己的情感

身体需要做定期检查，情绪也需要。 只有检查的时候才能发现垃圾，也才能清除垃圾。 检查的时候要注意那些消极的、绝望的、愤怒的情绪在什么情况下出现，如果是因为以前的问题而一再难过，那就快点把它清除吧!

3. 主动示好

过去的事情无论是谁对谁错，都不是最重要的，只要你能够主动示好，让自己大度宽容一些，主动和别人示好，相信那些垃圾一定能够被永久清除。

有些人喜欢把坏心情收藏在心底，久而久之这些坏情绪就变成了感情垃圾，这些情感垃圾既侵占感情空间，又污染感情环境，还影响自身成长，严重的还会引发心理疾病。 何不定时为自己的心灵大扫除，时刻保持心灵的干净整洁呢?

与其愤怒，不如自嘲

美国著名演说家罗伯特，头秃得很厉害，在他头顶上很难找到几根头发。在他过60岁生日那天，有许多朋友来给他庆贺生日，妻子悄悄劝他戴顶帽子。罗伯特却大声说："我的夫人劝我今天戴顶帽子，可是你们不知道光头有多好，我是第一个知道下雨的人！"这句嘲笑自己的话，一下子使聚会的气氛变得轻松起来。

对于每个人而言，生命中总会有不尽如人意的时候，问题在于怎样面对。人力不能改变时，要接受现实，与其怨天尤人、发怒，不如调整心态，面对现实，在既有的条件中去发掘机会。而自嘲作为一种生活艺术，具有干预生活和调整自己的功能，它不但能给人增添快乐，减少烦恼，还能帮助人更清楚地认识自己，接受自己，以宽容平和的心态应对周围众说纷纭和评头论足带来的压力，摆脱心中种种失落和不平衡，获得精神上的满足和成功。

20世纪50年代，有一次，美国总统杜鲁门会见麦克阿瑟，后者是一位十分傲慢的将军。会见中，麦克阿瑟拿出他的烟斗，装上烟丝，把烟斗叼在嘴里，取出火柴。当他准备划燃火柴时，才停下来，转过头看看杜鲁门总统，问道："我抽烟，你不会介意吧?"显然，这不是真心征求意见。在他已经做好抽烟准备的情况下，如果对方说他介意，那就会显得粗鲁和霸道。这种缺乏礼貌的傲慢言行使杜鲁门有些难堪。然而，他只是狠狠地盯了麦克阿瑟一眼，自嘲道："抽吧，将军，别人喷到我脸上的烟雾，要比喷在任何一个美国人脸上的烟雾都多。"

由此，我们看到，当令人难堪的事实已经发生，运用自嘲，能使你的自尊心通过自我排解的方式受到保护，不至于失去平衡，并且，还能体现出自己的大度胸怀，有助于在交际中加分。而如果选择愤怒，只会导致局面更僵持，给自己和他人都造成极大的困扰。

"自嘲"在交际中具有特殊的表达功能和使用价值。概括起来，主要有以下四个方面：

1. 倾吐郁闷

在生活、工作中，遇到不公正的待遇，或受到不合理的评价时，自己气不过，但又不便直接说出时，就可运用自嘲，以委婉暗示的方式，把内心的郁闷、不满吐露出来，以正视听。

2. 摆脱窘境

在交际中，当对方有意无意地触犯了你，把你置于尴尬的境地时，借助自嘲摆脱窘迫，是一种恰当的选择。

3. 打破僵局

在与人交涉事务时，运用自嘲，有时能收到以退为进的效果。也就是说，通过自嘲，你可以破解眼前的僵局，掌握主动权。

4. 增加幽默感

大凡具有幽默感的自嘲，往往是对自己缺陷的夸张和形象化，很能表现自己的坦诚品格，易于得到对方的信赖和好感。

要注意，自嘲虽具有一定的调节功能，但也有明显的局限性，充其量它不过是一种辅助性的表达手段，不宜到处滥用。比如，对话答辩、座谈讨论、调查访问等，就不宜使用自嘲，而应直抒胸臆、坦率诚实地吐露思想观点、介绍情况、回答问题。如果不看场合时机，随意使用自嘲，就会弄巧成拙。

通过哭泣缓解悲伤

很多人觉得哭是不坚强的表现，正所谓“男儿有泪不轻弹”，男性遇到多么大的压力都很少哭泣，哭哭啼啼的女孩子也总是被父母和朋友训斥。传统观念给“哭”以太多的道德压力和束缚。在人们的头脑里，“哭”代表着软弱，意味着没有出息。但“哭”是对人有益的，因为它可以让人宣泄悲伤的情绪。要知道，从心理健康的角度讲，“坚强”并不永远是个褒义词。

一位中国女士到美国看心理医生。刚到心理诊所，就看见一个大老爷们儿声泪俱下地哭着出门，而且哭得连背都在颤抖。

看到这里，中国女士自然是持嘲笑的态度。但当她与心理医生开始交谈时，她逐渐被医生引导得伤心起来，而且想哭。刚开始，她还有意识地控制自己，但是后来终于忍耐不住了，痛哭起来。

美国学者对几百名男女分别研究后发现：在他们痛快地哭过后，自我感觉都比哭前好了许多，健康状态也有所增进。

更进一步的研究发现，人们在情绪压抑时，会产生某些对人体有害的生物活性成分。哭泣后，情绪强度一般可减低40%，而不爱哭泣、不利用眼泪消除情绪压力的结果是：影响身体健康，促使某些疾病恶化，比如结肠炎、胃溃疡等疾病就与情绪压抑有关。心理专家研究发现，人悲伤时掉出的眼泪中，蛋白质含量很高，这种蛋白质是由于精神压抑而产生的有害物质，积聚于体内对人体健康不利。

心理学家认为，眼泪对于人类发挥着很重要的作用，在情绪激动时流出来的眼泪带有应激激素，因此流泪是摆脱激动的最佳方法，而这也就是“催泪”产业在全球得到广泛认同并迅速发展的最根本原因。即使哭泣会让你难堪，但它是一种信号，表明你紧张的情绪已经到了有损健康的地步，因此选择哭泣是一个明智的做法。

与此同时，不少专家认为，流泪无论是“私下的”还是“当众的”，效果一般都是积极的。哭泣能够将伤心转变成一种实在而具体的东西，这一过程本身就能帮助我们减少创伤感。眼泪以一种实物的形态使心理创伤具体化、形象化，这一过程和笑相似，涉及肌肉活动、呼吸急促和声音渐高，然后逐渐平静下来。

在这个过程中，整个人的紧张感会慢慢消失，然后放松，获得一种释放的感觉。女子的寿命普遍比男子长的原因，除了职业、生理、激素、心理等方面的优势之外，善于哭泣，也是一个重要因素。

著名影星简·方达曾提出了一项建议：遇到困难时，不妨哭。当你得不到服务或者陷入窘境时，只要哭就行了。

不过，哭一般不宜超过 15 分钟。悲伤的心情得到发泄、缓解后就不要再哭，否则对身体反而有害。因为人的胃肠机能对情绪极为敏感，忧愁悲伤或哭泣时间过长，胃的运动会减慢，胃液分泌减少，酸度下降，从而影响食欲，甚至引起各种胃部疾病。

有人觉得自己该哭也想哭的时候是常有的，可就是怎么也哭不出来。这时候，你不妨使用“不用洋葱和辣椒自然哭出来”的妙方，这是美国著名心理学博士鲁思的创见。

(1)寻找一个隐秘的空间，舒服地坐下，将手放在胸前锁骨的上方。

(2)呼吸只到手放的地方。

(3)急促地出声吸吐气，发出像婴儿的哭泣声，仔细倾听其中的哀伤。

(4)回想伤心往事，允许自己流露软弱。

古人说：“忍泣者易衰，忍忧者易伤。”可见该哭不哭对健康危害极大。能让自己该哭的时候可以哭、有地方哭，这样的生活才健全，这样的心理才健康。

哭虽然有利于缓解悲伤情绪，但是也要适当运用而不能滥用，我们不提倡凡事都用哭来解决。人是有认知功能、有控制能力的，如果一个人遇到任何困难和压力，都不积极主动地去化解，总是把哭当作一种发泄的方式，久而久之，哭就可能成为一种习惯性的行为，人的主动性、积极性、应对困境的能力就会下降。